KB043459

다시 학교를 읽다

일러두기

- 이 책에 등장하는 학교 이름과 아이들 이름은 모두 실제 이름이 아니라 지은 이름이다.

- 이 책에서 '학교'라는 말은 제도교육, 즉 공교육을 뜻하며, 학습과 교육과 배움이라는 말로 혼용되어 쓰이기도 한다.

- 학교현장이었지만 한편 지극히 개인적이고 특수한 경험이기도 하므로, 제도학교 전체를 대별하는 것으로 읽히면 곤란하겠다.

- '특수교육대상자'라고 하면,

  각 장애 어느 하나에 해당하는 사람 가운데 특수교육을 필요로 하는 이로 진단·평가된 사람을 말한다.(특수교육법 제15조)

  특수교육대상자는 '학습의 어려움'을 중점에 두고 교육부에서 지정하고, 장애인은 '삶의 어려움'을 중점에 두고 보건복지부에서 등록한다.

  대부분의 경우, 학령기 장애아는 특수교육대상자로 지정된다. 이들은 보호자의 뜻에 따라, 특수학교로 가거나 특수학급(학습도움실이라 불리기도 한다)이 개설되어 있는 일반학교로 간다. 일반학교에서는 통합학급(원적학급)에 배치되어 장애 정도에 따라 대체로 예체능과목은 그곳에서, 국어·수학 같은 주요 과목은 특수학급에서 수업을 한다.

- 자유학교 '물꼬(이하 물꼬)'는 글쓴이가 꾸려가는, '아이들의 학교'이자 '어른의 학교'인 '멧골 작은 배움숲'이다.

- '날적이'는 날마다 적는 기록, 일기다.

공교육의 역할을 되돌아보며

다시 학교를 읽다

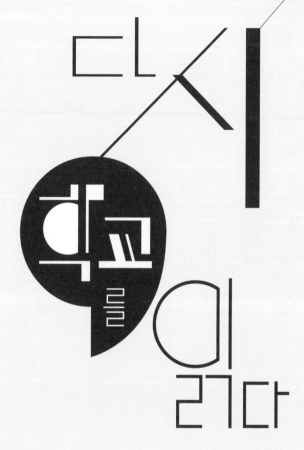

글 옥영경 자유학교 물꼬 교장

한울림

아이들은 학교에서
배우고, 성장하고, 자신이 되어 간다

다시 봄이 왔다.

매고 또 매야 할 풀을 꽃으로 반겨도 이상하지 않을 만큼

겨울은 오래고 길었다.

부추 밭을 맸다.

여간해서 뽑히지 않는 쑥,

그깟 하나도 매려면 억지로 쇠코뚜레를 끌고 가는 것 같다.

죽은 나무는,

풀에 견주면 백배 천배 커다란 나무가

마른 풀보다 힘없이 쓰러진다.

산 쑥과 죽은 나무….

쑥이 살아서 쥔 그 힘이 제가 지닌 목숨의 끈일 테지.

우리가 끝끝내 저버리지 말아야 할 것은 그런 것이다.

배우고 걷고 놀고 살아가고 만나고 서로 돌보는 것은

인류의 본디 모습이다.

학교는 삶의 기본을 배우는 곳이었다.

매기는 성적이 싫었지 배움은 즐거웠다.

폐허 위에서도 아이들은 놀이를 잊지 않았고,

삶에 부딪혀 오는 무수한 발길질에 맞서

단단한 맷집을 키웠다.

친구의 말이 공기를 가르고 내게 닿고,

내 손이 친구의 손을 잡고….

아이들은 학교에서 배우고 밥을 먹고 친구들을 만나며

성장하고 자신이 되어 갔다.

그것은 어떤 아이에게나 열려 있었다.

숱한 질타를 받아도 공교육이 해낸 성과였다.

코로나19로 발이 묶였던 아이들이

간절히 그리워했던 학교로 돌아왔다.

이제 학교는 무엇을 어떻게 할 것인가….

차례

시시하지 않은 시절의
시시풍덩한 이야기

'사상 초유(史上 初有)',

지난 한 해 동안 빈번하게 들은 말입니다.

코로나19 팬데믹의 그늘이었지요.

한데 인간은 언제나

모르는 내일 앞에 서 있지 않았던가요?

우리는 늘 처음을 살았습니다.

인류는 14세기에

유럽 인구 3분의 1을 삼킨 페스트도 건넜고,

제1차 세계대전도, 제2차 세계대전도 넘어왔습니다.

전쟁이 휩쓸고 간 자리에서도 농사를 짓고

공장을 돌리고 살아 냈습니다.

그리고 오늘, 우리는 또 여전히 살아가고 있습니다.

코로나19 이전의 세계로 결코 돌아갈 수 없다고 하지만,

인류는 언제나 과거로 돌아갈 수 없었습니다.

내일은 늘 가 보지 않은 길이 아니던가요?

당면한 일을 당면하며 사는 것,

그게 존재의 숙명 아닌가 싶습니다.

삶은 계속되지요.

우리는 오늘도 밥을 먹고 공부를 하고

마스크 너머로 사람들을 만납니다.

누구보다 아이들에게 '대면'이 간절했던 날들이었습니다.

코로나19가 전 세계를 휩쓸기 시작한 작년,

저는 운이 퍽 좋았습니다.

고맙게도 확진자 명단에 이름을 올리지 않았고,

자가격리를 할 일도 없었습니다.

더한 행운은 전교생 여덟 명(유치원생 두 명 포함)인

제도학교의 분교에서 한 학기 농안

특수학급 담임을 맡은 일이었습니다.

작년 1월, 한국에서 코로나19 첫 확진자가 나오고 나서

3월 2일자로 부임했지만

개학은 연기에 연기를 거듭했고,

4월 9일 전국 초중고교가 차례로 온라인 수업을 하면서

아이들 없는 학교로 출근을 했습니다.

5월 27일에야(학교마다 달랐다.)

등교개학한 아이들을 맞았지요.

그리고 8월 31일,

휴직을 끝내고 돌아온 담임교사에게 학급을 넘기고

다시 산골로 돌아왔습니다.

저는 대안학교 교사로 30년을 사는 동안

간간이 짧은 기간 제도학교(유치원, 초중고교)에

머물기도 했습니다.

하지만 지금까지는 학교를 없애야 한다고 생각해 왔고,

학교는 작아야 한다고 주장해 왔습니다.

근대가 끝났지만 아직 그 속에서

헤어나지 못하고 있는 학교에 대한 비판이었지요.

곳곳에서 대안학교가 등장하고, 가정학교가 늘어나고,

교육이 한 발씩 달라지고 있었지만, 느렸습니다.

그런데 변화를 아무리 말해도 꿈쩍 않던 학교에 대해

뜻밖의 상황에서 그 존재를 고민할 기회와 마주했습니다.

학교는 무엇이어야 할까, 학교에서 무엇을 말해야 할까,

어떻게 해야 할까.

그 고민의 끝에 대단한 게 있을 줄 알았습니다.

하지만 예상외로 시시풍덩한 이야기들이었습니다.

그저 기본적인 것들.

'우리는 왜 배우는 걸까? 배움이 뭘까?'

거대한 게 아니었습니다.

즐겁게 배우고 어울려 잘 놀고

같이 잘 먹고 잘 자라 사람 노릇을 하는 것!

배움이 우리를 흔들어 궁극에는 삶이 변하고

나아가 나 아닌 시람들과 나누는 일,

교육이 그거 아니던가요?

그리하여 공교육은 더욱 강화되어야 한다고,

저는 다소 달라진 태도를 갖게 되었습니다!

공교육이 그걸 해 왔으니까요.

팬데믹이 각자에게 던진 것들이 있겠지요.

저에게도 제 사는 위치에서

자신이 할 일을 고심하게 했습니다.

교육실천가로서 링 위에 올라가는 방법에 대해서.

저는 아이들을 위해 내가 할 수 있는 말을 하고,

할 수 있는 일을 하고,

아이들과 함께 걷고 공을 차고 공부하고

살아 숨 쉬는 경이를 찾아 나갈 것이며,

무엇보다 아이들을 지키겠다는 생각을 합니다.

저들도 저들이 되고, 저도 제가 되는.

아이들이 좋았으면 하는 일이고,

또 저 좋자고 하는 일입니다.

먼저, 좋은 사람이 되겠습니다.

건강을 특별히 물어야 하는 시절입니다.

부디 모두 강건하셨으면.

2021년 7월

글쓴이 옥영경 절

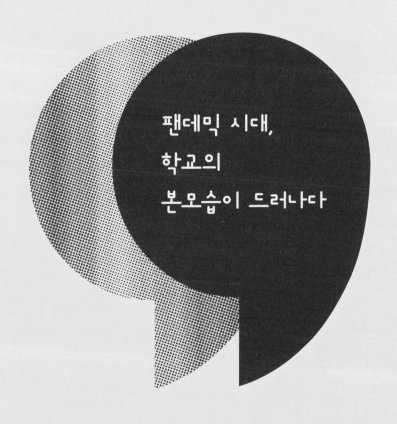

팬데믹 시대,
학교의
본모습이 드러나다

학교 가장자리에 있는 나이 많은 나무의
연둣빛 잎새가 짙어지고 있었고,
까치발을 하면 멀지 않은 곳에 호수도 보였다.
팬데믹이 어쩌면 그간 보지 못한 풍경들을
우리 곁에 불러 앉혀 주었다고 할 만하다.
곧 등교시간이다.
하지만 오늘도 아이들은 학교에 오지 못했다.

호숫가 마을, 분교에서 보낸 한철

　오늘은 한 시간 일찍 출근했다. 여느 날과 달리 늦은 걸음이었다. 기거하고 있는 본교 사택에서 차로 십여 분 거리에 있는 분교는 한적한 길을 고불거리며 여유롭게 와도 금방이었다. 길을 따라 산수유꽃이 벌써 절정을 지나고, 언덕에 꽃잔디가 부지런히 세를 넓히고 있었다.

　교실에 들어서자마자 창을 다 열어젖혔다. 미세먼지를 걱정할 날이 아니어도 맑은 날의 아침 공기가 귀하지 않은 날이 어디 있을까. 교사 책상 위에 놓인 꽃병의 물을 갈고, 일찍 핀 탱자꽃을 따서 띄워 둔 접시에도 새 물을 담았다. 오늘도 아이들은 학교에 오지 않을 것이다.

교문에서 운동장을 지나 몇 개의 스탠드를 오르면 본관 건물 앞에 꽃밭이 있다. 얼마 전, 학교아저씨한테 호미와 모종삽을 챙겨 달라고 했다. 몇 차례 찾자, 교실에 두고 쓰라고 하셨다. 사람들이 출근하기 전까지 꽃밭에 들어 풀을 맬 생각이다. 어제도 했고 아마 내일도 할. 분교에 출근하지 않았다면 나는 우리 산골마을에서 밭을 매고 있었을 것이다. 햇살이 벌써 따갑게 느껴졌다. 볕을 등지고 앉았는데도 어느새 이마에 땀이 맺혔다.

코로나19가 전 세계를 덮쳤고, 2020년 1월이 가고 또 2월이 갔다. 3월이 왔으나 학교는 개학을 하지 못했다. 3월 11일, 세계보건기구는 COVID-19를 세계적인 팬데믹(Pandemic, 국지적 유행병이 세계적으로 두 장소 이상에서 동시에 나타날 때)으로 선포했다. 4월에도 여전히 아이들은 학교에 올 수 없었다. 9일이 되어서야 온라인 수업이라는, 유례없는 개학이 이루어졌다.

유치원 아이 둘을 포함해 여덟 아이가 전교생인 분교에는 시설 관리원과 방과후 돌봄교사까지 열 명의 어른이 있었다. 아이들이 없으니 아직 급식실은 문을 열지 못했다. 햇살이 어깨에 내리는 스탠드에 앉아 먼 산, 먼 하늘을 보며 싸 온 도시락으로 점심을 먹었다. 교사들은 마스크를 쓰고 있었고, 어쩌다 같이 앉아 밥을 먹더라도 두 걸음의 거리를 띄워야 했다. 학교 가장자리에 있는 나이 많은 나무의 연둣빛 잎새가 짙어지고 있었고, 까치발을 하면 멀지 않은 곳에 호수도 보였다. 팬데믹이 어쩌면 그간 보지 못한 풍경들을 우리 곁에 불러 앉혀 주었다고 할 만하다.

오전에 수업준비를 하고, 오후에는 방문수업을 갔다. 한 아이마다 주 3회, 30분 단축수업으로 4차시까지 연강, 쉬는 시간 없이 내리 두 시간으로 정한 수업이다. 수업에 쓸 동화책이며 도구들은 미리 소독제를 뿌려 가방에 챙겨 두었다. 원격수업 상황에서 장애가 있는 학생을 위한 대책이 미흡하다는 지적이 계속 있었다. 대다수 특수교육대상자에게 온라인 수업은 쉽지 않은 도전이다. 장애의 종류도 다양하고 수준도 천차만별이라 전일제 완전통합을 하

는 학생을 빼고는 학습자에 대한 개별적인 지원이 절대적
이었다. 일선에서 학생들을 지도하고 있는 특수교사들은
특수교육대상자들의 교육 공백을 최소화하기 위해 여러
방법을 찾고 있었다. 비난과 비판 때문이 아니었다. 교사
는 그것으로 사는 사람이니까.

오늘 수업이 있는 힌동이네는 분교에서 차로 5분도 채
걸리지 않지만 왕복 4킬로미터로 걷기에는 짧지 않았다.
골목 하나를 두고 붙어 있는 십여 가구가 마을 전부인, 커
다란 호숫가 마을이다. 인근 도시로 나가자면 버스로 한
시간은 족히 가야 하는, 공교육이 아니라면 교육 기회가
쉽지 않은 곳이다.

집으로 들어서며 할머니와 학생의 발열체크부터 했다.
아이랑 공부할 책상에 물통을 꺼내 놓자, 할머니가 "마실
물도 안 줄까 봐서요?" 하며 웃으신다. 아이가 유치원 때
세상을 떠난 엄마 대신 이름 석 자 겨우 쓸 줄 아는 당신
이 아이의 보호자였다. 함께 사는 고3 형이 다른 때라면
기숙사에 있을 것이나 지금은 마루를 사이에 두고 건넛방
에서 온라인 수업 중이었다.

1교시는 마을 둘러보기. 마을에 초등학생이라고는 한 동이뿐이다. 학교에 가지 못하니까 대문 밖을 나갈 일도 없다는 아이였다. 그래서 걷기 운동도 겸한 시간이었다.

일상이 바쁜 요즘 아이들은 정작 자신이 사는 마을에 대해, 그곳에서 자라는 것들에 대해 잘 모르는 경우가 흔하다.

"저거 본 적 있어?"

쪽파, 마늘, 시금치, 상추, 부추, 열무 들이 한창이었다.

아이랑 걸음을 멈추고 주저앉아 들꽃도 들여다본다. 앉아서 들여다봐야 보이는 꽃마리, 꺾으면 아기 똥물처럼 노랗게 물이 나는 애기똥풀, 큰개불알꽃이라는 재미난 이름을 가진 봄까치꽃…. 마을은 훌륭한 교과서였다.

곧 학교로 아이들이 올 것이다. 그들과 이렇게 들길을 걸을 생각에 마음이 설렜다.

2교시는 집으로 돌아와 '손풀기(연필화 그리기)'.

"크게 그립니다! 눈에 보이는 대로 그립니다! 말없이 그립니다!"

오늘은 진달래꽃을 꺾어와 스케치북에 그것을 옮겼다.

손감각도 키우고 관찰력도 키우고 집중력도 기르고, 또 그것은 일종의 명상이기도 했다. 눈에 보이는 대로 그리기로 하였으니 어떤 사물이 앞에 놓여도 어려울 게 없는 그리기다.

교육청에서 학생들에게 스마트 기기를 대여하고 와이파이 데이터도 함께 지원해 주었다. 인터넷을 켜서 같이 온라인 학습 '바로학교'에 들어가 둘러보았다. 우리가 함께하는 국어와 수학을 제외한 과목은 통합학급 수업으로 하니 그 수업들은 이렇게 바로학교를 이용한다. 통합학급 담임도 몫을 하고 있겠지만, 지적장애를 가진 아이가 혼자 수업을 챙기는 데 어려움이 있을 터였다. 여느 가정이라면 보호자와 함께 들여다보고 있을 것인데….

3교시는 수학. 두 자리 수와 두 자리 수 더하기. 바쁜 마음에 자꾸 틀리는 아이를 찬찬히 할 수 있도록 돕는다. 한동이는 다른 아이들보다 홀로 하는, 혼자 해낼 수 있는 경험이 더 많아야 한다. 그래서 숙제도 내주었다. 혼자서 할 작업이었다.

4교시 국어. 언어장애도 있어서 연철 발음이 어려운 아이에게 가져간 동화책을 읽어 주었다. 첫 번째 읽는 과정에서 아이는 그림을 보며 따라왔고, 다시 읽을 때는 글씨를 눈으로 따라오고 있었다. 세 번째는 그가 띄엄띄엄 읽어 나갔다.

갈무리 시간. 오늘 무엇을 했나 짚고, 다음 시간을 확인했다. 두 시간 내리 이어진 수업이었지만 길지 않은 시간이었다. 하지만 한동이가 지루한 표정 하나 보이지 않았던 것은 학교를 퍽 그리워한 까닭일지도 모른다.

'예, 아니오'는 명확했지만 몇 개의 낱말이 이어지는 문장을 거의 말하지 않는 아이였다.

"학교 가고 싶어?"

"예."

"학교 가고 싶어요, 라고 전체 문장으로 말해 볼까?"

"학교 가고 싶어요!"

코로나19 감염예방을 위해 방문수업 전처럼 방문수업 후에도 3단계 예방수칙을 지켜야 했다. 수업 중 교사와 학생의 마스크 착용과 손 소독은 필수. 교실로 돌아온 뒤 다시 발열체크를 하고, 사용한 학습교구도 소독했다.

5월이 왔다. 등교수업은 자꾸 미뤄졌다. 어딘가에서 무더기로 확진자가 늘면서 다시 불안이 커졌고, 학교는 계속 대기 상태였다.

나는 변함없이 일찍 분교로 들어섰고, 풀을 맸다. 출근하던 6학년 담임교사가 주차를 하고 꽃밭을 들렀다 간다. 오늘 학교를 들어서는데 날씨도 좋고 꽃밭에서 풀을 뽑는 풍경이, 교사가 되고 나서 선배들에게 시골 분교 이야기를 들으면서 꿈꾸었던 그런 그림이었노라고 했다. 그렇다. 날마다 우리 삶에 깃들 평화가 있다, 코로나19가 인류를 뒤덮어도!

곧 등교시간이다. 하지만 오늘도 아이들은 학교에 오지 못했다.

불쑥 긴박한 소식 하나가 들어왔다. 어제 이 달 20일께 등교개학을 한다는 말이 있었는데, 불과 하룻밤 사이 안녕을 묻게 되었다. 우리는 정책당국의 소식이 학교 말단까지 오는 데 공문보다 언론이 빠른 시대를 살고 있었다.

'방심 – 지역감염 우려 현실 됐다.'

이제 또 등교는 언제인가….

그래도 고3 등교는 20일에 이루어졌다, 79일간 다섯 차례 연기 끝에. 수시모집을 위해 학교 생활기록부를 채우고 1학기 중간고사를 치르려면 더는 미룰 수가 없는 일이었다. 도시와 농촌 간 상황이 다르고, 큰 학교와 작은 학교도 다르지만, 격주제, 5부제, 오전·오후반으로 나뉜 2부제, 학교별로 최적화한 형태로 등교개학이 차례로 이루어졌다. 5월 27일, 그예 우리 학교도 등교개학을 했다.

'온다, 아이들이!'

5월 26일 날적이의 첫 문장이다. 특수학급은 방문수업으로 이미 아이들을 만났지만, 가방 메고 학교로 들어설 아이들 생각에 설레어 새벽까지 잠을 이루지 못했다.

전날 학교 전체 방역이 있었고, 급식실에 투명 아크릴 칸막이도 다 설치되어 교사들이 미리 점심을 먹어 봤다. 이어 한바탕 아이들맞이 청소를 했다. 학교에 청소를 맡은 이가 없는 게 아니나 그의 손이 닿지 못하는, '언제 저곳을 청소하고 말아야지' 하고 마음먹은 곳이 있었다. 본관 1층에서 2층으로 오르는 층계참의 유리 창문. 교장 샘을 불러 같이 시작하자 했더니 교감 샘도 따라 나오고, 두어 명의 샘이 손을 보탰다.

"여기도 해야겠네!"

일은 점점 커진다. 한곳을 빛나게 하고 나니, 다른 곳의 지저분함이 도드라진다. 물 호스를 쥔 이가 곁으로 이어지는 창문턱의 두툼한 먼지에도 물을 뿌렸다. 누군가 시작만 하면 일이 된다!

"저이도 청소를 하겠다고 나서서 깜짝 놀랐어!"

몸 써서 그런 걸 한 적 없다는 한 동료가 직접 나서서 청소하는 걸 보고, 나이 드신 한 분이 놀라며 낮은 목소리를 내게 건넸다. 선한 영향을 서로에게 끼치는 아름다운 순간이었다. 그런데 그게 다는 아니었을 것이다. 당신도 들떠 있었던 게 아닐지! 우리 모두, 생이 즐거워졌다. 아이들만 등교를 기다린 게 아니었다. 교사들도 너무나 그리운 아이들이었다.

6월 8일에서야 차례를 좇아 마지막으로 중1과 초등 5~6학년 135만 명이 등교를 했다. 이로써 전국 약 595만 명의 학생이 모두 학교에서 수업을 듣게 되었다. 예정일보다 99일 늦은 등굣길이었다. 산발적인 집단 감염이 계속되었고, '매일 등교'를 원칙으로 하는 고3을 빼고는 격주나 격일제로 원격수업을 병행했다. 그러니까 큰 학교들은 실제로 전체 학생의 3분의 1에서 3분의 2 수준이 학교를 채웠다. 무늬만 등교다, 위험하다는 지적도 있었지만, 교과수업 외에도 인성교육이나 진로 등의 이유로 대면수업이 필요하다는 주장 또한 있었다. 작은 학교인 우리 학교는 이런 상황과 상관없이 전교생이 모두 날마다 등교 중.

우여곡절은 1학기에 그치지 않았다. 코로나19 2차 확산세의 기세가 여간 사납지 않아 2학기 등교도 연장되었다. 법정 수업일수를 채울 수 없으면 유급, 그렇게 밀리면 곳곳에서 정체된 학년이 맞을 산적한 문제를 어떻게 할까? 까닭이야 그것만이 아니었겠지만, 이제는 교육당국도 결정에 빨랐다. 1학기처럼 등교개학을 기다리는 게 아니라 온라인 수업으로 머무적거림 없이 2학기를 열었다.

그러는 사이 학교를 둘러싼 구성원들에게 작은 변화들이 생겼다. 부모 쪽에서 보면 학교 귀한 줄 알게 되었다고 했다. 학령기가 되면 학교를 가고, 자연스럽게 그렇게 사는 줄 알았다. 그런데 어느 날 학교 대문이 굳게 닫힌 것이다. 학교 가기 싫다던 아이들이 학교를 그리워하기 시작했다. 하루 세 끼 아이들 밥을 걱정하거나 차리면서 그간 학교에 교육을 일임했던 학부모들도 학교에서 아이들이 한 것이 공부만이 아님, 밥도 그곳에서 먹었음을, 그 밖에 학교가 맡았던 기능을 다시 보게 되었다. 우리가 애증하던 학교는 이제 어디로 가는 것일까, 그리고 어디로 가야 할까, 그 물음은 필연이 되었다.

2020년은 코로나19로 시작해 코로나19로 마무리 되었다. 확진자가 하루 1천 명을 찍으면서 전국은 5인 이상 사적 모임 집합금지 속에 새해를 맞았다.

그래도 아이들은 놀았고, 자랐다. 우리는 어른이고 어떻게든 이 상황에서 아이들을 위해 뭔가를 해야 했다. 하지만 국가도 어른들도 여전히 길을 헤매고 있었다….

참, 호숫가 마을 분교의 한동이는 어떻게 지내고 있을까?

분교에서 보낸 날에 쓴 날적이 한 편을 들춰 보았다.

'여기 좀 보셔요. 동네방네 사람들을 부르고 싶은 날!'

학교에 '찾아오는 영어캠프'가 있던 날, 마침 한동이가 나와 함께하는 국어시간이기도 해서 나는 6학년 통합학급에 도움교사로 들어갔다. 첫 활동이 칠레 땅을 퍼즐로 잇기였다. 개인 활동이었는데, 정해진 시간이 끝나도록 하지 못한 아이들도 있었다. 그런데 한동이가 단번에 해냈다! 우연? 아니다. 그 다음 활동도 그러했으니까. 내 도움? 아니, 곁에서 통역만 하였을 뿐이다. 나중에 이 일을 통합학급 담임교사에게 말했더니, 그 반에서 대한민국 지도 퍼즐을 맞출 때도 절반을 그가 다 맞추었다고 했다. 그리고 본교 특수학급 샘과 몇 동료들도 내게 말했다.

"옥 샘이 같이 들어가니까, 한동이가 자신감이 생겼는지 더 잘하는 것 같아요! 요새 대답 소리도 엄청 커졌어요."

나는 나이 차가 많은 그의 형한테 문자를 넣었다. 혹 선물할 일이 있거든 퍼즐을 사 주면 좋겠다고. 그러고 나서 나도 당장 한동이가 고른 퍼즐을 하나 사 주었다. 주위에서 하는 격려가 그를 더 가슴 펴고 나아가게 할 테니까.

또한 자신감의 경험은 다음 자신감을 불러줄 테고, 성공의 경험이 다음 성공을 이끌어 줄 거다.

해가 바뀌고 3월이 보름쯤 지난 뒤, 한동이의 할머니께 전화를 넣었다. 중학생이 된 한동이가 50분 가까이 걸리는 거리를 혼자 버스를 타고 오간다고 했다. 첫날만 할머니와 같이 타고 이튿날부터 그랬다고.

"선상님이 고생하셨지유. 다 선상님이 가르친 보람이지유."

한여름 볕이 가장 뜨거웠던 방학 때, 하루는 내 차로 이동하며 집에서부터 중학교까지 전체 상황을 안내하고, 또 하루는 할머니와 같이 버스를 타게 하고 나는 차로 그 뒤를 따르고, 한동이네부터 중학교가 있는 곳까지 버스를 타고 오르내리기를 여러 날 연습했던 걸 말함이었다.

고마운 봄소식이었다.

아, 이래서 우리가 아이들을 가르치지 않던가. 전체 방향이 어디로 흐르든, 제도가 어찌되든 각자 자신의 자리에서 우리 교사들이 할 일이 있다마다.

공교육을 두둔하다

팬데믹 시대, 아이들과 교사 모두 '학교'라는 공간 없이 공교육을 이어가고 있었다. 시간 또한 흐름을 잃었다. 학교 종은 울리지 않았고, 수업영상은 제시간이 아니어도 볼 수 있었다. 이렇게 공간을 떠나 시간을 건너서도 얼마든지 공교육이 이루어진다면 이제 학교는 더 이상 가치를 잃게 되는 걸까? 학교는 어디로 가는 걸까?

팬데믹은 곳곳에서 그간 우리가 잊고 있던 것들을 일깨워 주었다. 온 지구가 같이 대처해야 할 문제였기에 때아니게 새삼 인류를 하나로 이었고, 비대면으로 이루어지는 소통과 거래가 전면 등장한 속에 학교를 가고 친구를 만나고 밥을 먹고 같이 놀던 평범한 일상의 가치를 곱씹었다. 코로나19 이후 한 해 동안 귀에 박히도록 들었던 말은 '평범한 일상'을 잃었다는 것이다. 그리고 마스크로, 개인 간 거리로 서로를 분리시킨 상황은 우리가 '함께하는' 것들에 대해 생각하게 만들었나. 마치 사람살이에서 사라진 듯했던 이타주의(利他主義)를 다시 끌어왔고, 다음 세대를 생각하게 했고, 생명에 직결된 문제가 아니어도 교육이나 삶 처처의 문제를 돌아보게 했으며, 지구 곳곳에서 감염된 사람들이 실려 나가는 영상을 통해 정녕 삶이 무엇인가를 새로이 묻게 했다.

그런데 팬데믹이 학교에 던진 것은 의외로 어떤 가능성이 아니었을까 싶다. 최근 수년 야단스러웠던 대로 원격교육이 이어지면서 이제 미래교육이 왔다고 수선스러웠으나, 정작 미래교육은 유별난 게 아니었다. 기본을 지키는 것! 어떤 일이 생길 때마다 우리 앞의 생을 살았던 어른들은 말씀하셨다. 길이 없거나 어두울 때 처음을 잊지 않고 다시 짚어 보라고. 시대보다 퇴행한다고 여겼던 교육에서, 우리가 떠나온 먼 과거에나 있었을 질문들을 다시 해보았다. 학교의 의미, 교사와 학생, 교과내용, 그런 고전적인 '교육다움'의 가치를. 우리는 달빛에 비친 모래를 보면서 집으로 가는 길을 찾았던 헨젤과 그레텔처럼 길을 찾을 수 있을까? 그 모래는 집을 떠나올 때 그들이 미리 뿌려 놓았던 것이다. 우리도 그냥 여기까지 오진 않았겠지. 실패에서 풀려나온 실이 어딘가 있을 거라 믿는다, 인류가 맞닥뜨린 문제 앞에서 늘 그래 왔듯이.

나 또한 교육에 대한 관점이 팬데믹을 관통하며 어떤 것은 더 강화되고, 어떤 것은 바뀌었다. 또 어떤 것은 오독될 수 있는 것의 의미를 더 명확히 하게 되었다. 거대한 사상 같은 걸 말하는 게 아니다. 때로는 너무 당연해서 의미가 희미해진 것들, 사소해서 이야깃거리로 등장하지 못했던 그런 것들 말이다.

예를 들면 다음 같은 생각이 바뀌었다. 나는 학교를 현실과 동떨어진 고립된 섬 또는 무균실이라는 조건 하에서만 작동하는, 기이하고 쓸모없는 공간이라고 말하곤 했다. 특히 학교의 의미를, 아이들이 사회로 나아가기 전 '유예'

공간이라거나 사회를 연습하는 '모의사회'라고 규정할 때 그것은 비판에 자주 노출되었다. 인위적으로 만들어진 공간에서 결국 세상으로 나가면 유용성을 잃고 힘을 발휘하지 못할 것들을, 왜 그 긴 시간 동안 가르치고 외우고 평가하고 있느냐고.

물론 학교는 뭐라고 규정하든 이떤 조건으로 만늘어진 공간이 맞다. 학교에서 다루는 학습(지식과 기술)이 노동시장과 사회에 효과적으로 이어져 취업 가능성을 높이고 교육의 잠재적 생산성을 끌어올릴 수 있을 테니 말이다. 하지만 그 목적이 다는 아니다. 그게 목적이었다면 그건 학교가 이미 패배한 문제다. 학원이나 과외, 여타 다른 공간에서 이미 수행하고 있은 지 오래니까. 학교는 오히려 뭔가를 '할 수 있음'에 대한 가능성을 가진 곳, 그래서 한 방향으로 일직선인 우리 생을 세상으로 나가 살아 내기 전에 미리 고치고 도전할 기회를 주는 장이었다. 안전한 지대에서 하는 연습, 아이들은 그 연습이 필요했다. 그간 우리가 학교가 가진 이 기능에 대해 지나치게 무심하지는 않았는지….

다음은 오독의 예다. 내가 강연과 책에서 가장 많이 해 온 말은 "애들 좀 고만 잡고, 우리 어른들이나 잘 살자!"는 것이다. 아이들은 가르치는 대로가 아니라 보고 배운다. 아이들이 보는 모든 세계는 교사이기에 우리 어른들이 잘 사는 것으로 가르치자고 말해 왔다. 아이들은 힘이 세다고, 스스로 자란다고. 그러니 제발 우리 아이들 좀 고만 조몰락거리라고(옥영경,《내 삶은 내가 살게 네 삶은 네가 살아》, 한울림, 2019). 하지만 그것은 교육이 지나치게 가르치는 쪽으로 기우는 것을 반대해 두드러지게 하는 말이었지 그게 전부는 아니었다. 한쪽으로 치우친 것에 반한 주장이었기에 반대쪽으로 치우쳐 보였을 뿐이었다고 할까? 교사 중심으로 너무 기울어진 교육을 학생 중심으로 가자고 하는 주장 같은 거 말이다. 교육은 그 어떤 것보다 균형을 필요로 한다. 양쪽을 더해 가운데를 찾는 중간점이란 말이 아니다. 어떤 아이는 아이를 더 중심에 두고, 어떤 아이는 교사가 더 들어가야 하는 지점이 있다. 상황에 따라 내용에 따라 그리고 아이 처지에 따라 가장 적절한 지점을 찾아내는 것, 그것이 교육이다. 한편 교육은 스스로 하는 배움도 필요하지만, 방향을 제시하는 안내자도 필요하다. 나는 이제 그 균형을 보다 더 강조하게 되었다.

2016년 9월, 유튜브 영상 하나가 화제였다.

'나는 학교를 고발한다 I JUST SUED THE SCHOOL SYSTEM!'

현대 학교교육을 고발하는, 6분짜리 영상이었다. 물고기를 나무타기 실력으로 평가해 버린다면 그 물고기는 평생 자기를 바보라고 생각하며 살지 않겠는가. 그런데 그 물고기에게 나무에서 내려와서 오래달리기까지 시키는 학교, 학생들의 개성과 창의성을 죽이고 지적 능력을 말살한 학교를 법정에 세우고 죄를 물었다.

고발자는 현대의 휴대폰과 150년 전의 전화기, 오늘날의 자동차와 150년 전의 마차, 다음은 오늘날의 교실을 보여 주었다. 그렇다면 150년 전의 교실은 어떤 모습이었을까? 화면이 넘어가면서 법정에 있는 모두가 탄식했다. 영상을 보던 이들도 술렁거렸다. 150년 동안 달라지지 않은 교실! '학생은 인구의 20퍼센트에 불과하지만, 그들은 우리 미래의 100퍼센트'라고 하며 영상은 끝났다. 학교는 과연 건물만, 그 교실 구조만 변하지 않은 것일까? 그렇지 않다는 것을 우리는 모두 알고 있다.

우리의 근대 학교는 해방과 한국전쟁 이후 독재와 산업화를 거치면서 효율성을 최고의 덕목으로 삼고, 조국의 근대화를 위해 개인의 희생을 감내하는 국민을 길러 냈다.

1960년대 이후 민주화 운동이 교육에서도 면면히 이어졌지만, 국가교육과정은 중앙집권적 교육정책을 통해 정규화된 속도에 맞춰 순응하는 아이들을 키웠다. 그리고 그것은 학벌주의·학력차별·학교 간 서열을 만들었으며, 표준화된 산업 인력을 양성하기에 최적화된 근대 교육으로 이어져 왔다. 이제 근대는 막을 내렸지만, 학교는 근대를 빠져나오지 못했다. 학교는 그 시대의 생각으로, 그 시대의 옷을 입고 있었다. 근대에 멈춰 있는 학교는 국가교육과정과 그 실행을 담은 검인정교과서, 그리고 그 정점인 대학수학능력시험으로 수렴되고 있다. 트랙에 줄을 세워 놓고 정해진 기준에 맞춰서 우열을 가리고 있으니 먼저 출발하면 이기고 속도와 승차감이 좋은 탈 것을 이용하면 유리하다. 그러다 보니 부모는 선행학습과 사교육 물

량공세를 마다하지 않는다.

그게 배움일까? 그것이 과연 결승점일까? 파닥거리는 우리 생의 벅찬 반짝거림은 어디로 간 걸까? 속도도 떨어지고 승차감도 떨어지는데 뭐 하러 끝까지 달려야 할까?

급기야 아이들이 말했다, "나, 그거 안 해!"

학교는 지루했고, 아이들은 학교를 벗어나기 시작했다. 학교라는 공간에서 배움이 주는 지식(학습과 정보)이 학교 밖과 온라인에 널려 있고 심지어 학교보다 학원과 인터넷 강의가 월등하게 낫다는데, 물리적 공간으로서의 학교가 다 무슨 소용이 있을까? 그럼 이제 학교는 더 이상 필요 없다? 아이들은 학원에 가기 위해 학교에서는 책상에 엎드리고, 인터넷 강의를 들으면 되니까 교실수업에 소홀해지고…. 그렇게 떠밀려 가는 사이 우리는 잊은 게 있다. 정녕 배움이 어떻게 일어나는지, 배움이 주는 즐거움이 어떤 색깔인지!

학교교육의 변화를 요구하는 목소리가 점점 커지고 있을 때, 고민을 부추긴 것은 예상치 못한 곳에서 일어났다.

코로나19! 그간 학습에 가려져 있던 학교가 본모습을 드러냈다. 사람들은 학교가 단지 지식만 쌓는 곳이 아니었다고 생각하기 시작했다. 코로나19가 비로소 학교의 다른 존재 가치를 찾아낸 셈이다.

우리는 질문하기 시작했다. 그동안 학교가 한 일은 무엇이었을까? 그 대답은 온라인 학습이 가능하니 이제 학교가 필요 없어졌다는 게 아니었다. 뜻밖에도 오히려 학교의 존재를 소망하는 목소리였다. 공교육을 다시 돌아보게 한 것이다. 아이들은 학교에서 단지 공부만 한 게 아니었다. 그곳에서 친구를 만났고, 놀았고, 밥을 먹었고, 넘어져 긁힌 다리에 약도 발랐다. 심지어 정규수업 뒤에는 돌봄교실까지 있지 않은가.

자본의 격차가 일상생활과 교육에서 안타깝게 대물림되어도, 학교와 공교육이 그것을 그나마 줄여 주고 있었다. 코로나19가 아이를 직접 돌볼 수 없는 처지의 가정과 그렇지 않은 가정으로 불평등의 격차를 점점 더 벌여 놓자, 학교는 더욱 뚜렷한 얼굴로 우리 앞에 섰다. 기초학력 저하, 저소득층 가정 자녀들의 교육 불평등 심화, 가정의 양육부담 가중 들을 줄일 수 있는 힘은 바로 학교에 있었다.

사회·경제·교육 전방위 '양극화' / 코로나 피해 취약계층 치명적

기득권, 저금리 편승 / '빚투'로 자산 상승 / 취준생, 식당 알바도 못 구해 생존 위협

상위 20퍼센트 순자산, 하위 20퍼센트 166배 달해 / 비대면 부상에 업종별 희비 갈려

교육 '계층 사다리' 역할 붕괴 위기 / 원격수업 늘며 가정환경 따라 학습 격차

부촌 살수록 공부시간 길고 게임 덜 해 / '홀로 집콕' 저소득 학생 학력저하 우려

오늘 아침(2021. 3. 28.) 한 일간지 기사의 소제목 중 일부다. 코로나 디바이드(Corona Divide, 코로나19가 확산하면서 사회의 양극화가 심해지는 현상을 일컫는 신조어)!

갈수록 사회의 양극화가 심해지는 시대에 교육마저 주어지지 않는다면 도대체 우리에게 무슨 희망이 있을까? 계층 사다리로서의 역할을 말하는 게 아니다. 이런 때일

수록 교육 말고 도대체 어떤 길이 있을까? 교육은 어쩌면 유일한 길이다. 교육을 통한 변화 가능성이 점점 희미해질수록 교육의 중요성은 오히려 더욱 커진다. 교육은 변화 가능성의 마지막 보루니까. 공교육의 효용성에 의문을 던지지만, 그건 이 세계의 과거가 남긴 결과였을 뿐이다. 내일 일을 누가 알겠는가. 하지만 교육으로 답을 찾아갈 수 있을 것 같다. 하여 우리는 지금 다시 학교를 생각해야 할 때다!

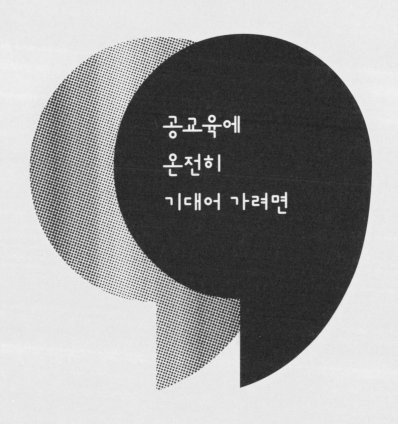

공교육에 온전히 기대어 가려면

7월이 왔다. 연일 폭염이었다.
1교시가 시작되기 전, 우리는 마스크를 한 채
체육관에서 뛰어다니고 있었다.
툭 하면 생떼를 쓰고, 주저앉아 울고불고
불퉁거리는 해일이는 "싫어!"를 달고 다녔는데….
이런! 오늘은 화를 이기지 못하고
가지고 놀던 공을 창밖으로 던져 버리는 해일.
그는 과연 공을 주워 올까?

날마다 자라는 아이들

코로나19 이후 미뤄지던 등교수업이 이루어졌던 5월, 우려 속에서도 아름다운 시절이 될 것 같은 기대와 예감은 아이들이 학교에 왔기 때문이었다.

그리고 6월이 왔다. 벌써부터 날씨가 대단했다. 영상 34도, 전날도 그랬고 그날도 못잖았다. 하지만 어김없이 모래사장에서 1학년들과 아침을 열었다. 오늘은 모래를 쌓아 긴 수로를 만들고 물을 부어 보기로 했다. 아이들이 빈 페트병을 찾아 나섰다. 교문에서 등교하는 아이들의 발열체크를 하던 나이든 남자 샘과 학교지킴이 할아버지

한테 갔다. 아이들은 나를 앞세우고 페트병이 어디 있나 물어보란다.

"나는 안 필요해."

내가 뒤로 물러서자, 아이들은 쭈뼛거리며 남자 샘을 향해 물었다.

"페트병? 뭐 하게? 그런 거 갖고 노는 거 아녀."

남자 샘은 특유의 유쾌함으로 대답했다.

아이들은 다시 내게 돌아섰다. 같이 가서 분리수거 자루를 뒤적였다. 발견! 우리는 거기에 물을 받아 놀이터로 바로 향하지 않고 건물을 빙 둘러 교문 앞 남자 샘 앞을 지나왔다. 물병 든 팔을 당신 눈앞으로 쭈욱 뻗어서 군인들 사열하듯 의기양양하게 말이다. 아이들과 아침부터 그렇게 놀았다.

오전 7시 50분에 들어오는 첫 학교버스에는 1학년 아이 둘도 타고 있었다. 해일이와 민우. 한 명은 나이보다 형 같고, 또 한 명은 동생 같으니 둘이 두세 살은 족히 차이가 나는 것같이 보였다.

화장실을 다녀오다 1학년 교실을 들여다보았다. 처음 학교를 들어온 1학년들은 아무래도 마음이 쓰인다. 미루고 미뤄졌다 학교에 왔는 데다, 여느 해의 학교생활도 아니다. 다른 학년이라면 이미 학교경험이라도 있겠지만. 아직 담임교사가 오지 않고 학교의 하루 일정도 시작되지 않았으니 어른 없이 놀이터도 체육관도 갈 수 없었다. 아이 둘이 우두커니 앉아 있길래 하던 일을 접고 1학년 교실로 들어가 동화책을 읽어 주었다. 곧 네 명의 아이들이 다 왔다. 빠진 한 아이는 어수선한 시절의 등교 대신 가정학습으로 대체한다고 했다.

그날 날적이에는 '우리 학급도 학급이지만 1학년들 덕에 이번 학기가 참말 신명날 것 같다'라고 쓰여 있다. 그때만 해도 이 풍경이 1학기 내내 우리들의 아침 일과가 될 줄은 몰랐지만.

주중에는 학교 곁에 있는 사택에서 지내느라 출근이 수월했다. 등교개학을 하던 날부터 본교와 분교가 본교에서 합동수업을 하고 있었다. 분교가 긴 공사에 들어간 까닭이었다. 나는 등교시간 두어 시간 전이면 이미 학교에 와 있었다. 한 시간은 원격연수며 수업준비로, 또 한 시간은 아이들과 썼다.

벌써 시간이 그리 흘렀나, 그날은 아직 걷고 있는데 등교한 1학년 민우와 해실이가 저들 교실의 창 너머로 "옥 샘~!" 하고 불렀다. 아이들에게 달려가자 4학년 사내아이 둘도 내게 좇아와 "옥 샘!" 하고 인사를 건넨다. 첫날 이름표를 그리 써서 걸고 다녔더니 아이고 어른이고 이제 내 이름이 입에 붙었다. 처음에는 '선생님'을 그리 불러서 다른 교사들이 화들짝 놀라길래, "제가 그리 불러 달라고 했어요." 하고 며칠 설명을 달고 다녀야 했다.

출근복으로 갈아입고 놀이터로 나간다. 찡찡대는 해실이에게 칭얼거리는 대신 제 마음이 지닌 뜻의 낱말을 찾아 정확하게 말하는 법을 수시로 가르치며 아이들과 이동한다.

아이들은 그네부터 올랐다. 그런데 해실이가 아직 그네를 혼자 탈 줄 몰랐다. 제법 익숙한 민우에게 먼저 보여 달라고 일렀다. 나는 그네가 '멈추고' 난 뒤 내려야 한다고 가르쳐 준다. 하지만 그네가 멈추면 그만 툭 떨어져 버리는 해일이다. 그가 찬찬히 여러 차례 해 볼 수 있게 도왔다.

다음은 정글짐으로 올라가는 아이들.

"민우야, 너는 어쩜 그리 씩씩하게, 예쁘게 잘 컸다니?"

"우리 엄마가 잘 키워서 그래요."

아, 그렇구나! 아이들의 말을 따라가 보면 웃을 일이 많다. 아이들은 그들의 농담을 조금만 이해하면 세상에서 제일 재밌는 것을 보여 주는 존재다.

어느 날은 날도 더운데 안에서 책을 읽자고 하니, 아이들은 바로 같은 이유로 '더운데 한 바퀴 돌아요.' 하며 먼저 나섰다.

"옥 샘, 마스크요!"

코로나19로 우리는 늘 마스크를 쓰고 있다. 말의 전달도 어렵고 덥기도 하고, 그래서 띄엄띄엄 앉았을 때는 얼른 벗기도 하면서 우리들은 코로나19를 건너고 있었다.

통증이 심해진 발 때문에 읍내에 나가 물리치료를 받

고 들어온 날이었다.

"옥 샘은 어딨어요?"

"오늘, 옥 샘 왜 이렇게 늦어요?"

그날 아침에 1학년 아이들이 온 학교를 돌아다니며 나를 찾았다고 전해 들었다.

또 어느 월요일 아침, 주말을 끼워 연차를 활용해 물꼬에서 며칠 큰 잔치를 치르고 학교에 갔다. 목 빼며 기다린 민우가 반갑고 좋아라 하며 먼저 달려와 안겼다.

"그렇게 좋아?"

해일이가 민우에게 버럭 소리를 질렀다. 뭐 그리 유난을 떠냐는 말이었다. 그래 놓고서 저도 두 팔로 나를 힘껏 껴안았다.

6월 말 장마가 시작되었다. 아침마다 우리는 주로 체육관으로 달려갔다. 마침 배구에 흠뻑 빠져서 손등에 멍이 들도록(손등이 아니라 손목을 쓰는 걸 나중에야 알았지 뭔가) 배구를 연습하던 날들이었다. 우리가 확보한 아침의 한 시간은 아이들도 나도 숨을 고르는 시간이었다. 아이들은 떨어질 줄 모르는 에너지를 한 번 누그러뜨리는, 그리고 내게는 내가 누구랑 함께하는지 내 하루가 어떤 것이어야 하는지 아침마다 일깨우고 준비케 하는 시간이었다.

해일이는 이제 삐치고 울고 소리치는 대신 제법 제 뜻을 전했다. 그간 우리는 말하기 연습을 차곡차곡 해 왔다.

'싫어'라는 말이 마치 제가 아는 모든 말인 양 싶던 해일이는 이제 덩치 큰 민우가 놀려도 바닥에 구르고 우는 대신 제 마음을 말하고 요구하며 응대한다.

그런데 이런! 해일이 감정이 또 상했네. 화를 이기지 못하고 가지고 놀던 공을 창밖으로 던져 버렸다.

"해일아, 공 가지고 오자."

"싫어!"

"해일아, 우리 다른 말 찾아볼까?"

"잠깐만요…."

이게 '싫어'에 대신한 말인지, '싫어'에 대신할 말을 찾는 데 시간이 걸린다는 건지 한참 곱씹어야 했다.

"또 다른 말은?"

"있다가요."

물끄러미 쳐다보고 있으려니 장난감 상자에서 제가 찾던 것을 찾아내 기쁘다는 듯 또 다른 말을 찾아냈다.

"이거부터 하구요."

그러고 나서 해일이는 곧 공을 주워 왔다. 고마워라!

학기가 끝나 가고 있었다. 햇빛이 쨍했다. 여러 날 만의 해였다. 그래도 장마여서인지 햇살 끝에 더러 가을 내가 났다.

"화요일 온다고 했는데 진짜 왔네요!"

나를 보고 반가워하는 민우의 인사였다. 공사를 마무리한 분교가 어제부터 문을 열었고, 분교 식구들은 이제 화요일과 목요일만 본교로 가서 수업을 했다.

"어제 아침은 뭐 했어?"

"그냥 돌아다녔어요."

아이들이 놀이터도 못 가고 체육관도 못 간다고 해서 불행한 것도 아니고, 늘 교실에만 꼭 갇혀 있는 것도 아니다. 하지만 왠지 그들을 살펴봐 주는 어른이 없어서 움직임에 한계가 많은 것 같아 마음이 짠했다.

오늘은 오늘에 살기! 아이들과 체육관으로 가 배구공부터 꺼내 던지며 놀았다. 학교버스를 먼저 타고 온 2학년 아이들도 체육관으로 들어와 어울렸다.

바닥에 튄 공을 한 번도 되받을 줄 몰랐던 해일이는 이제 제법 여러 번 튀기고 잡는다. 아이들은 오직 시간이 필요하다, 어른들도 다르지 않지만. 그리고 우리 어른들은 아이들이 '하기'를 기다리는 시간이 필요할 뿐이다.

"놀이터도 가요!"

그런데 현관문을 잡은 해일이와 열려는 민우가 한바탕 씨름을 한다. 1교시가 다가오고 있으니, 이 또한 한마디만 하면 상황 끝이었다.

"우리 언제 놀아?"

잘 노는 우리들의 시간 속에서 나는 그녀를 밀거나 시소를 같이 타고 모래놀이도 함께했지만, 저들이 노는 걸 그저 지켜보는 때도 많았다. 그들은 그곳에 이 세상과는 다른 자신들만의 세상을 만들고 있었다.

'아, 해일이 좀 보게!'

구름사다리를 잡기만 하면 툭 떨어졌던 그가 이제 거뜬히 매달린다. 친구들과 그네를 타고 같이 시소도 타고.

날마다 자라는 아이들이다.

"자, 이제 그만~! 목요일 아침에 또 모입시다."

아이들은 바로 손을 털고 나와 운동장을 가로질러 본관으로 달려갔다. 어느 누구도 미적거리거나 하지 않는다. 그렇다. 그 사이 저 아이들이 학교 흐름을 익혔다.

아이들은 매일매일 한 뼘씩 자라고 있었다. 나도 그들과 나누는 우정으로 얼마쯤 또 성장하지 않았을지.

오늘 하루도 생기발랄

눈 쌓인 지난겨울, 물꼬 운동장 한가운데는 녹아내린 이글루 잔해가 있었다. 스무 살도 넘은 아들이 새해를 맞으러 물꼬에 왔다가 어린 시절을 그리며 만들었던 것.

겨울방학을 보내려고 아이들이 물꼬에 왔다. 그날 서로 처음 만난 아이들이지만, 이미 알고 있었던 양 같이 뛰어들어 남아 있는 이글루 벽체를 부수는가 싶더니 그 눈(雪)으로 다시 뭔가를 만들었다. 금세 관계의 벽을 허무는 아이들이 가지는 힘일 테다.

이튿날도 아이들은 그네 하나 달랑 있는 운동장으로

나갔다. 그렇다고 그네로 간 것도 아니다. 그날도 이글루로 시작해서 이글루로 끝났다 할 만한 하루였으니, 종일 틈만 나면 눈 내리는 운동장으로 나가 허물어진 이글루 위에 눈을 쌓았다 깎았다 보탰다 뺐다 하면서 한껏 놀았다, 그것 하나로도 세상 모든 것을 지닌 듯 충분히 즐거워하면서.

저녁이 되자, 막연히 부수고 쌓던 작업에 방향이 생겼다. 날은 어둑해지고 바람은 쌩쌩 부는데 어둠도 바람도 다 가르고 부서진 이글루로 변기를 만든다던가, 아이들은 건축회사를 차렸더라. 거기 회장님도 계시고 사장님 부장님 알바까지 직급이 생겼고 일을 분담하고 있었다. 이글루에 붙은 이들만 즐거운 게 아니었다. 구경만 하던, 그렇다고 소외된 것도 아닌, 그저 그 일에 손을 대고픈 마음은 없던 아이도 건축회사 직원들을 흥미 있게 바라보며 친구들이 참 대단하다고 웃었다.

그런데 한 아이가 맨손이었다. 그는 교사가 주는 장갑도 마다하며 제 손은 아직 따뜻하다고 말했다. 그래도 걱정이 되어 손을 만지니 정말 열이 나고 있었다. 얼마나 열심히 했길래. 아이들은 그렇다. 겨울 한파에도 내복만 입고 연을 따라가는 그들이다.

아이들은 참으로 소박하다. 쓰레기 더미에서도 보물을 찾아내 놀고, 포탄이 날아다니는 전쟁터에서도 뒹구는 쇳조각 하나로 논다. 학대의 긴 시간을 놀이로 이겨 낸 아이도 있고, 버려진 아이의 상처도 놀이로 어루만져진다. 세상 어디를 가든, 어떤 상황에 처하든 아이들에게는 놀이가 있고, 그것은 대단한 놀잇감이 없어도 가능했다. 어쩌면 세상을 구원할 힘은 아이들의 놀이에 있지 않나 싶다.

우리들의 어린 날을 돌아보면, 마을 공터에 모여 바닥에 그은 줄 하나만으로도 한없이 놀 수 있었다.

"죽었잖아!"

"아니야!"

"(내가) 봤다고!"

"아니라고!"

금을 밟았느니, 밟지 않았느니를 놓고 아이들은 곧잘 다툰다. 당연하다, 금 하나로 죽고 사는 문제니까. 편을 나눠 오자미(콩주머니) 던지기를 할라치면 술래인 편에서 던진 오자미를 받으면 죽어서 나가 있던 우리 편 아이가 살아 돌아올 수도 있었다.

놀이 속에서 날마다 살고, 날마다 죽고, 또다시 살면서 우리는 삶과 죽음과 부활을 배웠다. 해질녘 밥 먹으러 들어오라는 엄마 목소리에 집으로 돌아올 때까지 말이다.

다시 어릴 적 우리들이 놀던 공터. 저기 아이들이 패를 갈라 놀려고 하네.

"안 돼, 형아는 너무 잘하잖아."

능숙한 아이만 있는 것도 아니다.

"쟤는 못하는데…."

너무 뛰어나도 혹은 잘 못해도 탈이다. 어느 편에서도 제 편으로 들이기를 꺼린다.

하지만 아이들은 방법을 찾아낸다. 깍두기! 이편도 되고 저편도 될 수 있는 권리를 부여하는 길이다. 무리보다 뛰어나거나 모자라도 따로 떼어 놓지 않고, 누구든지 놀이 속으로 맞아들인다. 아이들의 그 슬기 속에는 배려가 있었다.

놀이는 꼭 같은 또래를 요구하지도 않았다. 동생도 형도 같이 놀 수 있었다. 그곳에서 아이들은 성별과 나이를 넘은 공동체를 익혔던 것이 아닐지. 어쩌면 놀이의 세계는 앞으로 다가올 커다란 세상을 축소해 놓은, 그러나 세상에서 만나는 그런 위험은 없는 안전한 세상이었다.

아이들은 같은 놀이를 해도 한 단계를 넘으면 조금 더 어려운 단계를 설정한다. 물론 오르기 쉽지 않다. 하지만 아이들은 하고 또 하고, 안 되고 안 되다가, 결국 해내고 만다. 그러면 또 다음 단계로! 이런 좌절과 성공의 경험들이 끊임없이 교차하는 게 놀이의 세계다. 그러는 중에 아이들은 실패에 대한 두려움이 줄어들었을 것이다. 마침내 그 절정에서 고지에 오르고 나면 놀이는 다시 시작되었다. 무한 반복이지만 같은 세상은 아닌, 우리가 날마다 아침을 맞지만 빛의 밝기와 바람의 방향이 다른 아침인 것처럼.

놀 게 없다고? 요즘 아이들은 놀 줄 모른다고? 어른들이 흔히 말하지만, 정말 그럴까? 아이들은 그런 적이 없다! 놀기 위해 놀이를 만들며 창의력을 발휘하고, 거기서 규칙을 배우고, 넘어져도 다시 일어나 툭툭 털고 다시 자신의 길을 걸어가는 긍정의 힘을 바로 거기서 배운다.

다투기도 했지만 아이들은 어떻게든 갈등을 해결해야 다음으로 갈 수 있다는 걸 알았다. 아니면 그만 노는 거니까. 토라져서 집으로 돌아갔다가 심심해서 또 놀이터로 나와 함께 놀기를 시도했다. 삶의 지속성이 그곳에 있었다.

아이들은 놀면서 제 욕구나 소망도 표현했다. 놀이 속에서 지는 것도 알고 참을 줄도 알고, 놀기 위해서 규칙을 받아들여야 하고 친구 의견도 들어야 하고, 계속 같이 놀기 위해 갈등을 조율해야 한다. 명상이나 참선 등을 통해 어른들이 우리 삶의 우울과 슬픔을 털어 낼 때, 놀이를 통해 시험에 대한 걱정도 놓고 엄마한테 야단맞았던 속상함도 밀고 상처받았던 일도 푸는 게 아이들이다.

그동안 나는, 학교에서 동년배 아이들을 같은 학년으로 구성하는 것을 오랫동안 비판해 왔다. 근대 학교에서 아이들을 관리하기 편하게 만들어 놓은 제도라고, 아이들을 위해서 만들어진 구조가 아니라 어른들 편의로 만들어진 것이라고. 같은 학년 속에서는 그 나이에 미치지 못하는 학습능력이 발견되면 나이보다 더디다고 놀림의 대상이 되곤 한다. 하지만 우리가 아이를 키워 보면 늦된 아이도 있고 올된 아이도 있지 않은가. 저마다 성장의 발달이 다르다. 발달과정에서 그 나이에 어떤 지점에 도달한다는 건 그야말로 평균에 지나지 않다. 그런데도 제 흐름대로 자라는 것이 허용되지 않는 게 학교였다. 잔인했다.

하지만 동년배 학년은 그런 부정성만 있는 게 아니었다. 같은 나이가 겪는 동질성이 있고, 비슷한 신체발육의 의미도 있었던 거다. 동년배로 이뤄진 학년 구조의 긍정을 생각해 보게 되었다는 말이다. 놀이에서만 해도 이미 놀기 좋은 구성원들이 갖춰진 셈이다. 뭘 조작하지 않아도 놀 준비가 된 것이다.

하지만 교실은 교육과정만으로 꽉 차 있어서 놀이가 부족했다. 그것도 모자라 아이들은 골목도 놀이터도 버렸다. 그곳에서 사라진 친구를 만나려면 학원으로 가야 했다. 급기야 유엔아동권리위원회가 한국의 아이들에게 놀이가 부족하다고 지적하면서 공교육 개선을 주문한 일까지 있었다(2011년). 그 주요 원인으로 사교육을 꼽았다. 그러자 한동안 놀이의 중요성이 부각되더니, 아니나 다를까 놀긴 노는데 놀이를 가장한 학습들이 등장했다. 놀이가 창의력을 키운다고 하니까, 곳곳에 놀이학교가 만들어졌고 부모들은 아이들을 그곳으로 데려갔다.

그런데 놀이를 어떻게 가르치지? 어째서 모든 걸 가르치려고 할까? 어떤 건 아이들 스스로 할 수 있는 영역으로 두어야 하지 않을까? 땀 흘리고 지난한 시간을 겪은 뒤 뭔가를 얻는 것도 중요하지만, 그것 말고도 아이들에게는 필요한 것들이 있다. 놀아야지! 놀고 싶을 때 놀 수 있어야지. 주어진 장난감으로 노는 것 말고도 찾아서 하는 놀이로도, 놀이를 통해 얻고자 하는 자발성이네 주도성이네 하는 그런 목적이 없는 놀이로도.

집이라고 놀이가 넉넉한 것도 아니다. 아이들에게 주어진 일이 너무 많다. 물론 주로 공부다. 남들 뛸 때 뛰어야 하고, 적어도 내 아이가 처지지 않으려면 이왕이면 먼저 뛰게 해야 한다고 생각하는 부모들이 대다수니까. 또 때로는 일하는 엄마로서 학교 다녀온 아이가 엄마 없이 보낼 시간도 마련해 주어야 하니까. 그것 역시 내용을 들여다보면 모두 공부의 가지들이다.

불안은 계산보다 힘이 세다.

3월 교육부와 통계청이 발표한 '2020년 초중고교 사교육비 조사결과'에 따르면 사교육비 총액은 9조 3,000억 원으로 전년도 10조 5,000억 원보다 11.8퍼센트 줄었고, 1인당 사교육비도 감소했다. 하지만 사교육을 받을 수 있는 학생들로 범위를 좁히니 월평균 사교육비는 전년도 대비 0.3퍼센트 늘었다고 한다. 영유아도 열외는 아니다. 가구소득이 높을수록 사교육 지출비용이 많았다. 등교수업이 줄면서 가용시간이 늘고 경제력 있는 집은 더 많은 사교육을 시킬 수 있게 된 것이다. 말하나 마나 교육의 소득분배 효과가 적었다는 말이다. 부모의 사회 경제적 지위에 따른 사교육비 불평등은 자녀 세대의 학력 차이를 불러와서 부모의 사회 경제적 지위가 다음 세대로 이어진다. 교육에 관한 한 우리는 투자대비 수익률이 엄청 높을 거라고 착각한다. 그리고 그것으로 미래에 대한 불안감을 극복할 거라고 생각한다. 하지만 불안은 다음 불안으로 대체되거나, 대기 중인 다음 불안으로 이동한다. 불안은 사라지지 않고 다만 지연될 뿐이다. 그렇다면 더욱 다른 전략을 찾아야지 않을까? 취약계층에게 전폭적인 지원을 하거나 비정규직의 열악한 노동인권을 개선한다든가 하는 국가정책으로 불안을 완화시키는 것도 마땅히 필요하다. 하지만 우리 안에 도사린 불안의 정체를 먼저 냉정하게 봐야 하지 않을까 싶다. 그건 국가도 구원을 못해 주는 거니까.

놀이가 중요하다는 것에 동의하면서도 누군가는 이렇게 말할 것이다.

"그러면 또 돈 있는 집 아이들은 사교육을 하겠지!"

그렇다. 언제부터인가 놀이도 과외가 생겼다. 농구, 축구 등 스포츠를 아이들 묶음으로 하는 과외가 생기더니 전래놀이를 포함한 놀이학원까지. 놀이를 가르친다니!

공부만 해서 문제라는데, 그 문제를 해결하려고 또 공부를 시킨다. 학원만 보내서 문제라는데, 바로 그 문제를 해결하기 위해 또 학원에 보낸다. 책으로 배울 수 없는 것, 몸을 써서 배워야 하는 것을 공부로, 학원으로 된다고 생각한다. 그렇게 해서 얻어지는 것은 불안이지 답이 아니다(이건 비단 아이들 세계에서만 그런 것도 아니다. 우리 어른들도 다르지 않다. 계속 공부하고, 공부하고 또 공부한다. 공부가 도구가 아니라, 공부를 목적으로 말이다).

그래서 또 공교육에 기대게 된다. 그나마 공교육이 그 격차를 줄여 주니까. 놀이학교를 따로 만들자는 말이 아니다. 학교교육 안에서도 아이들에게 충분히 놀 시간을 확보해 주자.

그렇게 하기 위해 교육계(물론 학부모 포함)를 설득할 때 우리는 놀이의 효과를 들고 나온다. 창의력과 협상력과 설득, 유연성을 길러 주고 학습전략도 잘 짤 수 있다?

그 모든 것에 앞서 놀이가 가진 절대적 장점은 바로 생기(生氣)! 생에 대한 벅참, 살아 숨 쉬는 경이, 펄떡거림… 우리 아이들에게 그보다 더한 무엇이 있단 말인가. 삶이 얼마나 뜨겁고 즐겁고 기쁜가를 아는 것, 그보다 더한 생

의 가치가 어디 있겠는가 말이다. 나날의 삶이 재미로 가
득하다는 걸 놀이를 통해 벌써 아는 우리 아이들이지 않
은가. 그러면 사람이 내일도 살고 싶어지는 것이다.

놀이는 그 어떤 이유를 떠나 뜨거운 삶의 과정이다! 아
이들은 놀아야 한다, 우리가 자주 잊어버리지만.

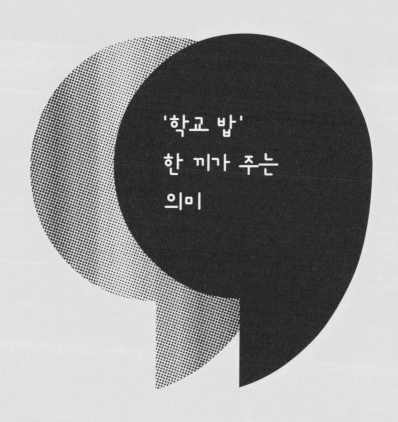

'학교 밥'
한 끼가 주는
의미

3월, 재택근무와 학교근무를 번갈아 하던
교사들은 4월부터 모두가 출근했다.
5월 말 드디어 등교개학 직전,
도서관으로 학교의 모든 구성원들을
불러 모을 일이 있었다.
비로소 한자리에서 다 볼 기회가 생긴 거다.
그동안 집합이 금지되어 있었으니까.
"저이는 누구래요?"
한 번도 본 적 없는 사람이 들어왔다.

식사는 하셨는지요?

한숨을 더 자도 여전히 이른 아침, 일찍 출근하여 본교 마당을 걸었다. 어제도 걸었고 그제도 걸었다. 바람에 흔들리는 나무들, 그 생명력에 눈물이 차올랐다.

안녕, 나의 나무들!

단풍나무를 살핀다, 오늘 상차림에 그 잎을 쓰리라 하고. 간밤에 장을 봐서 본관 현관에 두었던 짐들은 누가 안으로 잘 들여 놓았다. 주무관님이겠지. 유치원 교실이 불 쓰기에 좋고 공간도 넓어 그곳에서 음식을 준비하기로 했다. 마침 밥을 먹기로 한 도서실이 가깝기도 했고. 본교 특수교사 샘도 그가 맡은 그릇들을 실어 와서 같이 유치원 교실로 옮겼다.

일러준 대로 교장 샘과 남자 샘 한 분이 단풍잎을 따와 수젓집으로 접어 놓은 냅킨에 장식을 하고, 다른 샘들도 시간이 되는 대로 건너와서 뚝뚝 떨어져 물 앞에 서거나 불 앞에 앉아 씻고 자르고 썰고 볶았다.

오전 11시 30분, 도서실에 푸른 단풍잎 수놓은 밥상이 차려지기 시작했다.

정오에 샘들이 손 소독부터 하고 들어섰다.

"완전 호텔이네!"

테이블마다 어찌나 고운지, 감탄과 함께 다들 사진을 찍느라 소란했다.

"그래도 때가 때이니 거리유지 해 주시고!"

침방울로 전염되는 감염병 속에 정부가 안내하는 거리유지가 아니라도 최대한 조심 또 조심해야 했다. 방역시대에는 질병관리본부의 지침을 따르는 게 국민의 도리라. 우리는 그런 시절을 지나고 있었다.

청소여사님이며 학교지킴이 아저씨까지 학교구성원 모

두를 초대한 자리였다. 들어서자마자 먼저 보이는 테이블에 둘러서서 구경하던 이들이 마스크를 쓴 채 자리를 하나씩 잡고 앉았다, 더 민감하게 엄격하게 물리적 거리를 생각하면서.

아직 아이들의 등교가 이루어지지 못하고 있었다. 당연히 급식실도 닫혀 있었다. 교사들은 간혹 식당을 이용하거나 배달을 시키고 도시락도 싸 오며 점심을 해결했다.

밥을 한 번 내야겠다고 생각했다. 당연히 가장 큰 걱정은 거리유지였다. 그렇다면 충분한 공간을 확보해야겠네. 그래서 도서실이 뽑혔다. 식기도구들은? 학교 급식실 도구들을 쓸 게 아니라서, 큰살림을 하는 물꼬 가마솥방(식당)의 살림을 실어 오기로 했다. 쟁반, 큰 대접, 수저와 국자, 반찬접시, 양념들을 바리바리 상자에 쌌다. 더하여 같이 일을 도모한 본교 특수학급 샘도 살림살이를 실어 오기로 했다.

서른 명. 그 정도면 물꼬에서 혼자서도 얼마든지 밥을 해 오던 규모다. 교장 샘과 교감 샘께 뜻을 전하고, 이 상황에서 그게 어떻게 가능할지 미리 그림을 그린 대로 설명하고 허락을 구했다.

"저이는 누구래?"

"어제도 보셨잖아요, '소희 샘'!"

"네?"

그간 자주 보던 샘인데, 마스크를 벗으니 그인 줄 몰랐던 거다. 마스크는 그랬다. 우리는 그 안에 또 다른 사람으로 있었다. 3월부터 교사들은 돌아가며 재택근무를 했고 4월부터는 모두가 출근하고 있는데 이제야 한자리에서 볼 기회가 되었다. 그간 교무회의가 없었던 것도 아니고 화상연수도 있었지만, 모두가 모여서 얼굴을 볼 기회도, 밥 한 끼 먹을 시간도 없었다.

그날 밥을 먹은 뒤, 교사들 사이에 작은 변화가 있었다고들 했다.

"뭔가 벽이 허물어졌다고 할까요? 작은 학교지만 서로 이렇게까지 가깝지는 않았거든요."

밥이 뭐라고 그 밥 한 번 같이 먹는 일이 그렇다. 꼭 그 밥상만이 까닭이었겠냐만, 우리는 더 돈독해졌다. 일제강

점기 무슨 울분을 토하는 자리도 아니었는데, 우리들이 함께 먹은 밥 한 끼는 원격수업 사태에, 건조했던 시간에, 여러 차례 번복되는 학사일정에 꽉 막혀 있던 교사들의 숨통을 틔우는 시간이 되었을 법했다. 코로나19에 우리가 잃어버린 한 모습이기도 했으니까.

아이들이 오고 급식실이 돌아갔다. 날마다 차려 주는 밥상 앞에 앉는 점심이었다. 학교급식은 생각보다 맛있는 정도를 넘는 밥이었다. 전문 영양사가 짠 식단으로 영양은 얼마나 균형 잡혔겠고, 야채 하나마저 전문 조리사를 거치며 얼마나 적당히 데쳐지고 간이 되었을까. 밥심이 절로 생기는 날들이었다. 작은 학교라고 모든 곳이 그렇지는 않겠지만, 아이들의 식습관을 잘 기억해 말하지 않아도 더 주기도 하고 덜 주기도 하는 급식실 식구들이었다. 따뜻했다. 우리는 밥다운 밥을 먹고 있었다.

6월이 왔다.

특수학급 아동은 특별히 밥 지도가 필요한 경우가 있다. 1학년 자폐아 진새의 급식보조를 자처했다. 특수학급의 보조 샘이 맡은 일이었으나 나도 거든다고 나선 것이다. 내가 한다고 편식이 심한 아이가 먹지 않는 밥을 먹을 것도 아니고, 배고프면 다 먹게 된다고 생각하는 사람이라 그리 도움은 안 될 것이나 애쓰는 보조 샘을 돕기도 하고 또 진새랑 가까이 호흡하고 싶었다.

편식, 그건 그 아이의 호불호가 분명하다는 말이기도 할 것이다. 진새는 고기를 무척 좋아했다. 이런저런 이야기들을 들려주며 채소 먹기를 시도하고, 친구들과 같은 시간에 같은 공간에서 밥 먹는 행위를 하는 것에 초점을 두었다. 억지로 먹으란 건 폭력이지, 배고프면 먹지 않겠는가. 적어도 식사가 어렵고 싫은 시간이 아니라 즐거운 시간이었으면 했다.

"진새야, 비행기 날아갑니다. 공항 기지 문을 열어 주셔요~."

우리 집 아이의 어릴 적을 생각하며 아이 입을 향해 숟가락 비행기를 날리면 더러 먹으려 들기도 했다, 다른 날보다 움직임이 좀 많아서 그랬을 수도 있고.

아크릴 칸막이 너머에서 밥을 먹는 친구들도 진새의

식사를 도왔다.

"옥 샘, 오늘은 비행기 말고 제트기 날려요!"

성상이가 제안했다,

"오늘은 몇 대 날았어요?"

미아가 물었다.

전날 진새가 밥을 뚝딱 다 먹었다고 전해 들었다. 그날은 특수학급 입급 여부를 가늠해 봐야 하는 한 아이의 관찰수업에 들어가느라 진새와 급식실에 가지 못했다.

보조 샘이, 옥 샘은 그동안 뭘 어떻게 한 거냐고 물었다.

"내가 어찌 한 게 아니고, 시간이 한 거지. 우린 기다린 거고."

날마다 식판에 담긴 것들을 보고 익히고 발음하고, 진새가 도무지 한 입도 먹으려 들지 않을 때도 그것을 반복했다. 숟가락질하고, 여객기도 날아가고, 배도 띄우고, 헬리콥터도 창공을 날았다. 저 혼자 식판을 들고, 바닥에 눕지 않고 제 뜻을 말하고, 물통을 혼자 챙겨 스스로 열고 마시고, 그 물통을 다시 챙겨 나와 가방에 넣는 날이 왔다! 혼자 수저질도 했다. 하지만 내일 또 잘 먹을지는 모를 일이다. 배도 고프고, 제 입맛에 맞는 게 나와야겠지. 그즈음은 잔반을 식판의 한곳에 모으는 걸 연습하고 있었다. 한 발씩 나아가고 있었던 것이다.

학기가 끝날 무렵, 급식실에서 몇 자리 건너 앉는 3학년 담임교사가 말을 건네 왔다.

"옥 샘, 그동안 노래 잘 들었어요."

이런! 진새 밥을 먹이며 들려준 노래들을 말하는 것이었다. 진새가 뻗대도 급식실을 나오지 않고 친구들이 다 먹을 동안 기다리며 그를 안고서 가만가만 노래를 불렀다. 다른 사람들에게 들리지 않게. 그러면 이내 거친 행동을 멈추던 진새였다.

노래의 시작은 그랬다. 특수학급에서 수업을 마친 진새가 책상 위에서 움직이는 지우개청소기를 겁내고 있었다. 품에 안고 조용조용 노래를 불러 주니 스르르 내려와 내 무릎을 베고 누웠다. 아름다운 노래는 마음을 어루만져 주니, 이번 학기는 진새랑 노래를 여럿 부르겠다 싶었다. 우리는 급식실에서도 그랬다. 겨우 교실 한 칸의 급식실,

조용한 소리에는 더 솔깃해지는 법이라. 그런데 아무도 아는 체 하지 않았고, 진새와 나는 방해받지 않고 그 시간을 채울 수 있었다.

인류 역사에서 가장 여구한 일이 식(食) 아니겠는지. 먹어야 삶이 영위된다는 그 본연의 의미에서 말이다. 팬데믹에도 우리는 밥을 먹고, 인류의 끝날에도 우리는 먹고 있을 것이다. 학교도 밥을 떠나 말할 수 없다. 학습에 묻혀 그 자리가 미미해 보여도 결코 적은 자리가 아닐지니!

아이는 밥심으로
다음 걸음을 내딛는다

산골에 들어와서 그것도 오래전 폐교된 학교에 사니,
이곳 생활이 어떠한지 사람들은 궁금해한다.

"학교 마당 서너 번 왔다 갔다 하면 하루해가 져요."

이곳에서는 사나흘만 돌보지 않아도 오뉴월 하루 볕이
무서운 풀과 하는 씨름만으로 해가 기운다. 또 어두워지
기 전 아궁이에 불도 지펴야 한다.

밥도 먹어야지. 서울에서 끼니란 해치워야 할 무엇이었
다. 오늘은 뭘 먹을까, 일하면서 어쩔 수 없이 먹어야만 하
는 기름칠이자 지루한 일. 하지만 산골에서 밥이란 들이

는 노동시간의 길이부터 달랐다. 남새밭에서 푸성귀를 솎아 다듬고, 장독대 가서 된장을 퍼 오고, 닭장에서 달걀을 꺼내고, … 아침 먹고 돌아서면 점심, 돌아서면 저녁이었다. 밥만으로 하루가 다 간다고 해도 지나친 말이 아니었지만, 그게 지겹다는 뜻은 결코 아니다. 오히려 활기라면 활기가 있는 일이었다.

언젠가 읍내의 초등학교에서 근무하는 또래 교사가 집들이를 한다고 했다. 음식 준비하는 게 얼마나 일일까 싶어 좀 거들어야겠다고 생각해서 물었다.

"무슨 음식 해요?"

"아휴, 음식은 무슨!"

식당에서 한다고 해서 깜짝 놀랐다. 내가 산골에 들어와서 사는 오랜 시간 동안 세상은 그렇게 변하고 있었다.

사 먹으려 해도 사 먹을 곳이 없는 산골이 내가 사는 곳이다. 면소재지까지 차로 15분이면 그리 멀지 않다고 생각할 지도 모르겠는데, 이곳은 도로가 막히는 곳이 아니다. 씽씽 막힘없이 달리는 곳이니, 나설 준비를 하고 왕

복을 생각하면 가까운 거리라 할 수 없다. 무엇보다 이동 수단이 있어야 하고, 차로 움직이는 사람들 규모에 한계가 있기 마련이라 밖에 나가서 먹을 생각은 거의 못한다. 아니, 하지 않는다.

두메산골에 깃든 지 30년에 가까운 세월, 그 사이 차렸을 밥상이 얼마일까. 새참을 빼더라도 하루 세 끼 밥을 쌓아 가며 '먹는 일의 엄중함' 같은 문장들을 떠올렸을 것이다. 밥 한 끼 해 먹는 일이 가치를 지닌다는 걸, 나중에는 그것만으로도 일상이 충분히 의미를 가진다고 생각하기에 이르렀다. 밥은 종요롭고, 그래서 하늘이었다.

밥, 그것으로 사람이 사는 것 아닌가. 밥을 먹는 것은 하늘을 먹는 거라고 하신 해월 선생 말씀도, 나락 한 알에 우주가 들어 있다고 하신 무위당 선생 말씀도 더한 설명이 필요치 않다. 사람의 역사도 결국 밥의 싸움이지 않던가. 밥만으로 사는 건 아니지만, 밥 없이는 못 사는 거다.

사람들이 더러 물꼬에 대해서 묻는다. 물꼬에서는 뭐

배워요 물으면, 돌보지 않음으로 돌보고 가르치지 않음으로 가르친다고 먼저 답한다. 굳이 뭘 가르치기보다 어른들이 먼저 잘 사는 삶을 보여 줄 수 있도록 애쓴다고 답한다. 아이들은 가르치는 대로가 아니라 보고 배우므로. 또한 자연 안에서 스스로 배워 가고 있었으니. 또 애써서 돌보려 하기보다 다치지나 않게 잘 지켜보자 한다고 말이다.

일과 예술과 명상을 통한 교육을 하는 물꼬에서 내가 가장 많이 하는 일은 사람들을 재우고 먹이는 일. 나는 '옛날사람'이다. 실제로도 나이가 적지 않다는 뜻이고, 이 시대의 빠른 흐름을 타고 가지 못한다는 의미이기도 하다. 무엇보다 밥에 대해 그러하다. 밥 못 먹고 사는 사람이 있는 것도 아닌 시대인데, 나는 그렇게 밥을 먹이려 든다. 그건 '당신을 지지해'라는 말이거나 '힘내세요'라는 말이고, '친하게 지냅시다'라는 뜻이기도 하다. 말하자면 아이들이 처음 만나서도 서로에게 그냥 쑤욱 내민 손을 잡고 노는 것처럼 그런 마음을 담은 그릇이 내게는 밥인 셈이다. 그래서 내겐 '밥 한 번 먹읍시다'라는 말이 흔히 하는 인사치레가 아니라, 당연히 밥을 차려 같이 먹자는 말인 것이다.

"옥 샘 밥, 먹고 싶어요."

물꼬의 아이들이고 어른들이고 자주 하는 말이다. 그건 산마을이 그립다는 말이고, 지쳤거나 마음이 다쳤거나 외롭다는 말이기도 할 게다. 누군기 퍽 힘들어 보이기라도 하면 기어코 오게 해서 밥을 먹여 보낸다. 하루 이틀도 제 마음대로 못하는 생이 무슨 자기 생이냐는 엄포를 놓아 가며 말이다.

코로나19는 취약계층 아동들의 밥상을 더욱 열악하게 만들었다. 그런데 문제는 취약계층만이 아니었다. 잘 살거나 못살거나 요즘 아이들은 굶어서, 반면 너무 먹어서 문제다. 그러니까 가난하거나 넉넉하거나 똑같이 못 먹고 산다. 제대로 못 먹어서 제대로 못 큰다. '아이들은 질 낮은 음식을, 혼자, 불규칙하게, 허겁지겁 먹고' 있었다. 못 먹는 밥만을 걱정할 일이 아니었던 것이다.(출처 : 먹어도 먹는 게 아닌 '아동 흙밥 보고서', 《시사IN》 2020. 2. 10.)

한국보건사회연구원의 2018년 아동종합실태조사에 따르면 일주일에 한 번 이상 고기나 생선을 먹지 못하는 아동 비율은 전체 평균 2.87퍼센트인데 견주어 기초수급 빈곤 아동가구는 25.55퍼센트에 이르렀다. 일주일에 한 번 이상 신선한 과일을 먹지 못하는 아동 비율도 전체 평균은 3.24퍼센트인데, 빈곤 아동은 32.39퍼센트였다. '식사의 양을 줄이거나 거른 적이 있다'는 항목도 격차가 나지만 식단 구성에서 훨씬 더 큰 차이가 났다. 2020년 코로나19 아래서 더욱 심각해졌음은 불을 보듯 뻔하다.

기초생활수급, 차상위계층 등 빈곤가정 아동들에게 지급되는 아동급식카드를 가장 많이 쓴 곳은 편의점이었다. 무려 70~90퍼센트. 아이들은 편의점에서 식사류보다 우유·요구르트 같은 음료와 치즈·어묵·핫바·가공란·빵·삼각김밥(주먹밥)들로 더 많이 배를 채웠다. 아이들이 밥을 잘 챙겨 먹지 못하는 이유는 밥과 반찬이 없어서라기보다 챙겨 주는 사람이 없기 때문이었다.

현실이 가난하면 가장 뒤로 밀리는 게 밥이다. 당장 주거비며 일상을 영위하기 위한 기본적인 것에 먼저 써야 하니까. 가난은 그렇게 대물림되고 있었다. 무너진 밥상으로 망가진 아이들의 삶을 다시 회복하기란 쉽지 않을 것이다.

2020년 보건복지부의 결식 아동급식 업무 표준 매뉴얼에 의하면 중식(학교급식)은 교육청에서, 토·일·공휴일 및 방학 중식은 지자체가 부담한다. 학기 중 주말·공휴일은 지자체가 교육청과 협의해 시·도교육청 교육비특별회계를 조달받아야 한다. 그런데 아이들이 다니는 학교의 방학일, 개학일, 재량휴업일도 제각각이고, 갑자기 결정된 대체휴일이나 천재지변으로 인한 휴교일도 있으니 급식 공백이 생겨 버린다.

영양도 영양이지만 밥은 그 이상이다. 아이들이 햄버거나 피자를 더 많이 먹고 싶어 할 거라고 생각하지만 푸드트럭을 진행하는 이들의 이야기는 달랐다. 제일 먹고 싶어 하는 건 된장찌개, 김치찌개라고. 정작 아이들이 바란 건 꼭 그 음식이었다기보다 누군가 갓 끓여 준 찌개가 놓인 밥상이 아니었을까?

아픈 아이는 치료받아야 하고 배고픈 아이는 먹어야 한다. 그리고 그 밥은 아이들의 성장을 도울 수 있는 밥이어야 한다. 노동시간이 길어지고, 비정규직 같은 고용이 불안정한 사회에서 아이들의 건강한 성장을 가정에 맡긴다는 것은 무책임한 일이다. 도대체 그조차 못한다면 국가가, 사회가, 어른이 다 무엇이란 말인가.

어디 아이만 그러한가. 사람이 사는 데 밥만큼 중한 게 어디 있는가. 다 먹자고 하는 일이고, 먹어야 산다. 밥은 생명을 유지하기 위한 것을 넘어 영혼의 끼니이기도 하다.

학습 말고도 학교가 맡은 중요한 일 하나가 밥 한 끼, 바로 '학교급식'이다.

학교급식은 가족과 둘러앉은 밥상과는 또 다른 의미가 있다. 친구들과 먹는 즐거운 밥상! 자라는 아이들의 균형 잡힌 식사를 연구하는 영양사가 식단을 짜고 전문 조리사가 해 주는 그 밥에는 특히 취약계층 아이들이 삶을 회복하고 희망을 가진다는 의미도 있는 것이다.

오늘도 나는 산골에서 사람들에게 밥을 지어 먹인다.

이 밥 먹고 세상으로 나가서 둘도 말고 한 걸음만 걸어가 달라고, 이 산마을에서 누군가 아무 조건 없이 기도처럼 밥을 해서 먹여 준 그 힘으로 다음 걸음을 걸어가라고.

늘 하는 말이지만 좋은 사람이 좋은 세상을 만든다. 우리 모두 좋은 세상에 살고 싶어 한다. 그러면 먼저 좋은 사람이 되어야지. 좋은 사람은 내가 하는 선한 행위들이 쌓여서 되는 결과일 것이다. 누군가를 위해 내가 밥을 하는 일도 세상에 기여하는 일인 줄 안다.

"물꼬 한 번 들리시라. 밥 한 번 먹읍시다!"

물꼬의 가마솥방 배식대 앞에서 밥을 준비한 이는 오늘 밥이 어떻게 마련되었고 어떻게 나눠 먹으면 되는지 안내를 할 게고, 이어 우리는 밥 노래를 부를 것이다.

"이 밥이 우리 앞에 놓이기까지 거쳐 온 수많은 사람들의 손발을 생각하며 밥 노래 부르겠습니다. 시~작!"

그 말끝에 아이들이고 어른들이고 목청껏 노래를 부를 테지.

"밥은 하늘입니다. 하늘은 혼자 못 가지듯이 밥은 서로서로 나누어 먹는 것, 먹는 것! 잘 먹겠습니다~."

자율적인
교육과정을
향하여

"옥 샘, 구휼이 뭐예요?"
"사전에서 찾아볼까?"
찾고 싶은 마음에,
이왕이면 먼저 그러고픈 마음에
아이들이 빠르게 사전을 넘기고 있었다.
그때 태음이가 소리쳤다.
"재난지원금도 구휼이네요!"
때는 코로나19로 재난지원금이
전 국민에게 지급되던 시기였다.

시詩가 구르는 교실

아이들과 시를 읽는다. 제목을 또박또박 끊어서 읽고 잠시 숨을 고르고 글쓴이 이름을 한 자 한 자 읽었다. 다음은 첫 행을 읽는다. 행과 행 사이는 손뼉을 한 차례 쳐 주고, 연과 연을 건너갈 때는 두 차례 쳐 준다. 시(詩), 특히 아이들이 읽는 시들은 더욱, 운율을 가지고 있으니 음악처럼 박자를 잡아 읽으면 노래처럼 읽힌다. 아름다운 시어가 눈으로 들어와 우리 입안을 구르다 나간다. 마치 물결처럼 퍼졌다가는 우리 귀로 다시 돌아온다. 흩어지는 벚꽃 잎처럼 화사해진다.

우리 학급에 와서 국어·수학 수업을 하는 4학년 아이 둘은 지적장애가 아닌 언어장애와 학습장애가 있어서 4학년 통합교과서를 그대로 썼다. 다만 각 아이들 상황에 맞게 내용은 조율했다. 개별화 수업 말이다.

개별화 교육 프로그램(IEP, Individualized Education Program)은 특수교육에서 가장 중요한 부분이다. 기본 틀은 특수교사가 짜지만 보호자와 통합학급 교사가 다 긴밀하게 연결되어 있다. 현재의 교육수행 수준을 봐야 하고 그에 준해 앞으로 할 연간목표와 단기목표를 세운다.

과거 유용성 차원에서 하던 교육을 오늘날 인간 존엄성 차원에, 부국강병 수단의 교육에서 개인차가 있는 모든 사람이 행복하게 살 수 있는 사회를 만들기 위한 교육으로 이동한 이러한 관점변화가 장애아교육에 큰 전기가 되었고 그 실천의 하나가 개별화 교육이다.

분교의 긴 공사로, 한 주에 두 차례 본교와 분교를 오가는 합동수업을 본교에서 다 하게 되었다. 그리하여 한 교실을 쓰게 된 두 특수교사는 자기역량을 잘 발휘할 수 있는 영역으로 서로 수업을 나누었다. 예컨대 한 사람이 전체 학년 국어를 맡고, 다른 이가 수학을 맡는다든지 하는. 때로는 통합학급과의 수업시간 조정 때문에 국어를 전담하기로 해도 수학 일부도 맡았다. 이전 학년도 개별화 교육 프로그램 자료를 받았고, 본교 특수교사와 역할을 나누어 4학년 국어 가운데 독서단원과 1단원 〈생각과 느낌을 나누어요〉, 7단원 〈사전은 내 친구〉를 내가 맡았다.

교과서를 여러 차례 읽고 교사용 지도서를 따라 수업 방향을 가늠했다. 그 가운데 어떤 건 가지를 치고 어떤 것은 살렸다. 큰 틀에서 교육과정을 벗어나지 않으면서 핵심을 놓치지는 않고 아이들이 이 과정을 익히도록 시간을 짰다. 생각과 느낌을 나누는 부분에서는 주로 시를 다루었다. 어떤 이야기인가 해석하고, 자기의 경험을 더하고, 비슷한 느낌을 전하는 다른 좋은 시를 가져와 읽기도 했다. 받아쓰기도 그것으로 했다. 받침을 잘 틀리는 아이들이다. 활자를 익히는 걸 넘어 그 낱말이 가진 색깔, 우리말이 가진 어떤 곡선을 전하고 싶어서 특히 시어에서 받아쓰기 거리를 찾고는 했다.

시에 더 비중을 두었던 것은 시적 감수성에도 이유가 있다. 시가 전하는 손꼽히는 부분이 바로 그 감수성 아니겠는지. 우리 일상에서 느끼는 감동·리듬·감흥을 말할 수 있다면 그것이 시가 될 수 있다. 글자로 쓰지는 못했지만 우리는 우리의 말을 통해 그렇게 시를 쓰기도 하였다. 우리의 말이 부드러워지고 리듬을 탄다는 느낌이 들었다. 아이들의 말은 이미 좋은 시이기도 하니까.

7단원의 목표는 사전을 활용해 낱말의 뜻을 찾아보는 거였다. 학교 도서실에 작은 것은 없었지만 아주 커다랗고 두툼한, 세 권이 한 질인 국어사전이 있었다. 아마도 컴퓨터에서 검색어를 치면 얼마든지 사전을 대신할 수 있기에 쓰임이 크지 않으니 사전도 귀해졌을 것이다. 교과서 한 부분을 텍스트로 삼아 수업을 진행했지만, 우리는 도서실에서 자신이 좋아하는 동화책을 읽고 거기에서 무슨 뜻일까 궁금하거나 모르는 낱말의 뜻을 사전에서 찾았다. 중요한 건 사전을 쓸 수 있다는 거였으니까. 낱말을 앞뒤 맥락 속에서 짐작할 수도 있지만 정확한 뜻을 찾아보는 과정을 밟는 게 학습목표였다.

사전을 찾자면 한글 닿소리와 홀소리의 차례를 알아야 한다. 우리는 자모 읽기부터 했고, 실제 사전에서 그것이 어떻게 정돈되어 있는지를 보았다. 그다음에 낱말을 찾아 들어갔다.

너나들이, 막간, 구휼….

"여기 있어요! '구휼, 빈민·이재민에게 금품을 주어 구제함. 빈민을 ~하다.' 어, 재난지원금도 구휼이네요!"

태음이가 말했다. 아, 코로나19로 재난지원금이 전 국민에게 지급되던 시기였다. 그 순간 구휼을 우리 모두 이해해 버렸더라.

사전에서 낱말을 찾는 시간은 아이들이 낱말에 대해 섬세함을 기르는 계기도 되었다. 다른 때라면 무심히 넘어갈 말도 물어오곤 했다. 이따금 아이들은 내 책상 위에 놓인, 내가 읽는 책을 보며 표지에 쓰인 제목의 뜻을 묻기도 했다. 날마다 쓰고 사는 말인데, 그 말들이 새로운 옷을 입고 아이들에게 다가왔던 것이다. 어떤 때는 이미 잘 아는 낱말도 물어왔다. 문장으로 있던 낱말이 하나씩 제

온전한 모양새로 튀어나왔던 거다. 우린 멈춰서 그 낱말을 어림쳐 보고, 우리가 실제 쓰고 있었던 말임을 깨닫고는 하였다. 뭔가 우리 삶이 풍성해진 느낌이었다.

우리말은 아름다운 말의 곳간이었다. 5월에는 5월의 시를, 푸른 날은 또 그날의 시를, 비가 내리는 날에는 비에 관한 시를 읽었다.

비에 대한 시를 읽다 보면 봄에는 봄비가 내렸고, 여름에는 장맛비가 내렸다. 낮비가 있었고 밤에 살짝 다녀가는 도둑비가 있었다. 비의 굵기와 세기에 따라도 달랐다. 이슬비, 가랑비, 보슬비, 장대비, 장대비보다 세차게 내리는 억수…. 때마다 내리는 비도 달랐다. 모종하기 알맞게 때맞춰 내리는 모종비, 모를 낼 만큼 흡족하게 내리는 못비, 음력 보름께 내리는 보름치, 복날 무렵 내리는 복물…. 세상에! 모양에 따라 비를 일컫는 낱말도 있었으니, 줄을 죽죽 친 것처럼 내리는 빗발, 방울방울 내리는 것 같은 빗방울, 굵고 세차게 내리는 빗줄기….

"뭔가 축축하지? 저런 비를 는개라고 해. 안개비보다 더 촘촘한 비."

"그걸로 받아쓰기해요!"

무엇이나 재밌게 하고 반응이 아주 좋은 아이들이지만, 하기 싫다고 할 만한 받아쓰기를 저들이 먼저 즐겁게 하자고 하는 날이 다 있다니!

코로나19 아래 1학기, 교실 서너 칸 공간의 예능실이 비어 있었다. 본관에서 계단을 한참 올라가는, 작은 숲에 기대고 선 건물이었다. 마치 산사의 맨 위쪽에 툭 떨어져 존재하는 산신각처럼. 한쪽으로 악기실도 있고, 칸칸이 피아노도 놓였는데, 그 자리들을 다 빼도 나머지 트인 공간이 교실 두세 칸은 되었다.

어느 날 그곳을 쓰겠다고, 오래 묵혀 둔 공간에 바람을 넣고 청소를 했다. 꽹과리, 북, 장구까지 잘 갖춰진 그곳의 악기들을 모두 꺼내 닦고 느슨한 줄을 재우기도 하고, 가죽이 찢어진 것은 종이테이프로 붙이기도 하고. 채들도 쓸 수 있는 것과 없는 것을 구분해서 마른 걸레로 윤이 나게 닦았다. 본교 특수학급 아이 가운데 자폐가 있는 진새를 지원하기로 한 것이다. 그 아이 말고 덧붙여 친구들도 있다면 좋지 않을까 싶어서 1학년 담임교사에게 학급 아이들을 내주십사 부탁했다. 그렇게 한 주에 한 차례 수요일마다 내가 진행하는 풍물수업이 열렸다.

"안녕, 안녕, 여러분들 안~녕!"

수업을 시작하고 끝낼 때 그리고 풍물판의 시작과 끝에 하는 인사굿을, 진새는 온 복도를 돌아다니며 외쳤다. '덩 덩 쿵따쿵', 이채 장단을 흥얼거리고 다니기도 하고.

수업을 맺을 때는 불가에서 하는 합장 자세로 양손을 가슴에 모으고 "애쓰셨습니다!"라고 인사하는데, 진새는 다른 수업에서도 이 인사를 불쑥 내뱉고는 했다. 그건 '이제 끝내요, 지루해요.' 하는 그의 인사법이 되었다. 어떤 어른이 그를 붙잡고 말이 길 때도 역시 그렇게 인사를 했단다. 저 바쁘거든요, 그런 뜻으로.

하루는 풍물수업에 한 교사가 들어올 일이 있었다. 그는 진새가 수업시간을 온전히 다 이어가는 걸 보고, 학교생활에 적응한 것 같다고 말했다. 특수학급 도움 샘이 있는 덕도 컸을 것이다. 그런데 다른 아이들도 그렇지만, 자폐아는 오늘 수월하게 만났다고 내일도 그런 건 아니다. 수업을 마친 뒤 그와 자폐아에 대한 이야기가 이어졌다. 나는, 그의 학급에도 특수아동이 있으니 그가 장애아에 대한 이해를 좀 더 가지면 좋겠다고 생각하던 참이었다.

"장애교육의 근본은 장애아를 대하는 태도 문제 아니겠나 싶어요."

교사이기 이전에 우리가 인간으로서 사람을 어떤 태도로 대하는가가 중요할 테니까.

제도학교에 협력수업을 갈 때면 대안학교에 대해 마뜩찮은 시선을 가진 이를 만날 때가 있다. 내 수업을 보고 대안학교 교사라는 나의 정체성과 제도학교 교사라는 자신의 정체성 사이의 상당한 거리에 대해 말하는 이도 있었다. 그날만 해도 풍물수업에서 온몸으로 뜨겁게 수업을 하고 땀에 절어 나왔을 때, 제도학교에서는 하루 종일 그렇게 수업을 할 수 없다고 그가 말했다. 마치 내일이란 없다는 듯이 에너지를 다 쓰면 어떻게 하냐고, 늘 그렇게 할 수는 없다고. 나라고 내리 5교시까지 수업을 안 하는 것도 아니고, 진도도 맞춰야 하고, 처리해야 할 공문에, 연수까지 할 일이 태산이었는데….

하지만 진도에 허겁지겁하는 동안 정작 수업에서 챙겨야 할 것을 놓치고 있지 않은지 되짚어 봐야 하지 않을까? 초임 교사나, 처음 맡은 학년이라면 또 모를까, 현장에서 여러 해 이상 보냈다면 진도를 맞추느라 골머리를 앓기보다 진도 너머에 더한 무엇을 고민해야 하지 않을까 싶다. 교사용 지도서에 맞춰 진도에만 급급한 수업을 할 게 아니라, 그 진도가 아이들에게 어떤 의미가 있는지 말이다. 그리고 진도가 아이들에게 벅차면 교육과정에서 꼭 짚어야 할 것은 짚고 나머지는 솎아 내는 지혜도 발휘해야 하지 않을지. 도대체 진도 맞춰 몰아만 가서 그게 아이들에게 어떻게 제대로 붙을 시간이 있겠는가.

생각은 늘 하던 대로 하기 쉽다. 길이 잘 뚫려 있으니 걸림돌이 없고 가기 쉬우니까. 새로운 생각을 하려면 머리 안에 새로운 회로를 뚫어야 한다. 처음에 쉬울 수야 있을라고. 하다 보면 길이 될 것이다. 교육에서 말하는 해방이 그런 것 아닐까. 그간 우리, 학교에서 아이들을 맨날 갔던 생각의 길로만 가게 하지는 않았는지, 다른 회로가 생기는 걸 외려 막고 있지는 않았는지.

교육은 기본적으로 가르치는 이(교사, 부모, 연장자)와 배우는 이(학생, 자식, 연소자) 그리고 매개체가 되는 교육과정(교육내용)으로 이루어진다. 어떤 교육과정이냐가 무엇을 가르치는가 하는 교육재료이고, 그래서 교육은 어떤 세계관이 승리하느냐의 문제라는 말이 나오게 된다. 그 교육재료는 교육 결정자들의 세계관을 그대로 반영하는 것이니까. 좀 더 자율적인(자유로운 것까지는 무리더라도) 교육과정이, 그것에 대한 교사의 고민이, 우리 아이들 삶의 선택지와 가능성을 늘려 줄 수 있으리라.

헐렁한 교육과정을 꿈꾸며

널리 알려진 문장으로 글을 시작한다, '교육 양극화는 어제오늘의 일이 아니다.'

코로나19 사태에 부모의 경제력과 가정환경에 따른 교육격차는 더욱 벌어졌다. 기초학력이 떨어졌다는 것에 교육 관련 집단이 이구동성이다. 이 역시 하루 이틀의 일이 아니다. 학교가 문을 닫은 동안 중위권 성적의 학생들이 급격히 줄었는데, 그 이동은 위쪽이 아니라 아래쪽이었다. 교육과정, 그것도 교육전문가들이 모여 내놓은 국가가 정한 교육과정을 학교가(교사가) 게을리 따른 것도 아닌데 이런 일은 왜 벌어지고 있는 걸까? 코로나19 사태로 학습 공백이 커져서? 사실 더 깊어졌을 뿐이지 그 간극은 이미 오래전부터 쌓여 왔다.

교육과정이라면 넓게는 학교 안팎에서 학생들이 겪는 모든 경험을 포함하지만, 일반적으로 학교에서 수업시간에 가르치는 교과내용으로 한정한다. 학생이 학습할 내용을 일정한 순서에 따라 조직하고 배열한 것. 우리나라의 공교육은 국가교육과정을 따르고, 6.25 전쟁 이후 1954년 제1차 교육과정을 시작으로 1997년부터 2009년까지 제7차 교육과정이 있었다. 이후 제8차 개정이 아니라 수시로 부분적으로 바꾸기로 했고, 현재 2015 개정 교육과정을 따르고 있다.

초·중등교육법 제23조 제2항에 근거하여 국가교육과정을 고시하고, 초·중등학교의 교육목적과 교육목표를 달성하기 위한 국가수준의 교육과정을 제시하며, 초·중등학교에서 편성·운영하여야 할 학교 교육과정의 공통적이고 일반적인 기준까지 세밀하게 갖추고 있다. 학교 급별

교육과정 편성과 운영 기준도(시간배당까지), 교수학습과 평가도, 학교 교육과정 지원도 국가수준·교육청수준에서 다 정해 놓고 있다. 개별 학교와 교사는 그것을 따라야 한다. 강제된 법규니까, 그 범위 안에서 수업 또한 구성해야 한다.

그런 만큼 우리나라는 국가교육과정과 교과서가 매우 절대적이다. 모든 국민이 이 교육을 받을 권리와 의무를 가진다. 기회에도 차등이 없고, 내용과 과정에도 차등 없이 공통의 것으로 이루어져 있다. 근대 공교육이 이룬 결실이다. 국가교육과정이 다른 나라들이라고 없는 건 아닌데, 우리나라는 보다 통제가 강하다. 교과서를 독점하고, 교사가 교과 밖의 내용을 가르치는 것에 제한 또한 크다. 남북 대치상황이 가져오는 문제라든지 우리 국내 상황이 처한 특수성의 영향도 있을 것이다. 국가보안법 같은 것이 모든 국민의 삶을 통제하는 기제가 되듯 교사의 삶이라고 다르지 않고, 더하면 더했지 덜하지 않겠다.

이 같은 강제력과 달리, 우리가 따라할 만한 교육이라고 생각하는 몇 국가만 보더라도 큰 틀에서 통일성을 유지하기 위해 국가교육과정을 재료로 삼지만 학교별로 교사들이 교육전문가로서 자율성을 가지고 학생들에 맞춰 수업을 한다. 그들의 국가교육과정은 교육의 가치와 지향성, 핵심 교육운영 원칙을 제시할 뿐이다. 학교 중심으로, 또 교사가 교육과정의 결정권을 가지고 학교 단위로 편성 운영하고, 학교 내에서 학생들의 구체적인 상황에 맞게 과목 담당교사가 학부모와 협의하고 학생의 상황을 고려하여 학생 중심의 교육과정을 운영한다. 그러니까 개별 학교가 교육과정을 계획할 때 그것을 참고는 하지만 대한민국의 검인정교과서와 같이 국가가 정한 교과서는 없다.

우리나라 교육은 말의 바다다. 어디는 이렇게 하더라, 이게 좋다더라, 쉬지 않고 교육을 도마에 올리고 무성한 말을 쏟아 낸다. 특히 무엇이 좋은 성과를 냈다고 하면 그것이 우르르 온 나라를 뒤덮는다. 교육도 유행을 타서 몬테소리가 좋다 하면 나라의 이 끝에서 저 끝까지 몬테소리가 등장하고, 한때 프뢰벨이 그렇더니 요새는 또 슈타이너 교육이 대세라던가. 제도학교로서는 핀란드 교육이 몇 해째 큰 흐름이었다.

핀란드 역시 학생평가와 관련된 국가의 지침과 원리를 국가핵심교육과정에 제시하고 있다(핀란드 국가교육위원회, Finnish National Board of Education : FNBE, 2016). 그런데 핀란드에서는 표준화 학습이 아닌 개별화 학습을 강조하고, 국가수준의 학생평가를 실시하지 않는다. 학생평가는 국가의 관여를 최소화하고, 단위학교 및 교사들에게 넓은 재량권을 부여하고 있다. 교육적인 목적에 초점을 둔 융통성 있는 학생평가도 눈을 사로잡는다.

각국 교육제도를 이해하기 위해서는 반드시 그 나라의 정치적·경제적 배경부터 살펴봐야 할 것이다. 교육제도는 정치·경제·문화·복지 분야를 아우르는 전체적인 환경에서 만들어지고 진화했으니까. 제도 자체를 연구하기 이전에 제도가 만들어지고 발전된 맥락부터 이해해야 비로소 제도를 아는 게 아닐지. 우리는 이런 배경에 대한 해석 없이 정치적·경제적 필요에 말미암아 늘 모방하기 바쁘다. 그 나라의 이러이러한 교육법이 효과가 좋으니 우리도 하자가 아니라, 그 나라의 교육이 우리 사회에 말해 주는 바가 무엇인지, 그것의 의미가 무엇인지부터 봐야 하지 않을지.

핀란드의 '차별교육'(개별화 교육)에 대한 짧은 영상을 본 적이 있다.

'학교에 입학한 모든 아이들이 같은 출발선에 서지 못한다. 그러니 공정한 경쟁이란 있을 수 없다. 학교에서의 경쟁을 금지하는 국가. 성적표는 있지만 등수는 없다. 등수 대신 각자의 수준에 맞게 설정한 목표를 얼마나 달성했는지가 표시되는 성적표. 경쟁 대상은 친구가 아니라 나 자신. 9년 뒤 단 한 번의 일제고사. 일제고사의 목적은 단 한 명의 낙오자도 없어야 한다. 일제고사로 가려진 더 못하는 아이, 더 못하는 학교가 받게 되는 긍정적 차별.'

그들은 잘하는 학생보다 못하는 학생에게 더 관심을 주었다. 부진아를 위해 책정되는 예산이 1.5배. 세계에서 학생 간의 학업성취도 편차가 가장 낮은 나라. OECD 주관 학업성취도 평가에서 연속 1위를 차지한다는 말을 심심찮게 들었다. 어쩌면 그 1위라는 등수가 한국인들에게 더 매력적이었는지도 모를 일이다. 등수는 누구를 위한 등수인가. 등수가 아이들을 더 추동할 거라 누가 말했는가. 다 왜곡이다.

　대한민국의 교육제도는 수시로 바뀐다. 우리나라에서 교육제도가 바뀐다고 하면 그건 대체로 대학입시 이야기. 이건 무슨 블랙홀이다. 아이들은 자라서 그 나이가 되고 어른이 되는 거지, 그 나이가 되려고 자라는 게 아니고 어른이 되려고 자라는 게 아니다. 그런데 입시까지 이르는, 이전의 교육은 다 사라져 버리고 모든 교육이 입시교육으로 수렴된다. 사회적·경제적으로 하위계층 또는 소외계층을 보다 안으려는 노력을 한다지만, 자주 바뀔수록 손해를 보는 대상은 정작 경제적으로 어려운 그들이다. 여유가 있거나 정보력이 뛰어난 사람들은 바뀐 정책에 발 빠르게 대응할 수 있으니까.

　국가교육과정으로 다시 돌아와 보자. 국가교육과정에는 그에 따른 교사용 지도서가 있다. 이 지도서는 퍽 친절하고 꼼꼼해서 교사는 그것만 가지고도 얼마든지 아이들을 가르칠 수 있다. 어떤 의미에서 보면 그것이 평준화를 만들면서 뛰어난 교사의 질을 외려 떨어뜨릴 수도 있고, 반면 능력 없는 교사에게는 교사의 질을 올려 주는 수단일 수도 있다.

표준화된 교재와 교육과정이 짧은 시간 안에 많은 사람들에게 배움의 기회를 제공하게 되었고, 이것을 통해 학교 안에서 배울 때 삶에서 배우던 것보다 효율적인 면은 분명 있다. 그런데 이 시대가 어떤 시대인가. 예전에는 학교에서 배우는 것으로 이후 삶이 준비되었지만, 지금은 실시간으로 지식과 정보를 얻는다. 공식적인 인증과는 무관하게 아니 인증이 무색하게, 심지어 인증은 인증만 남고 그것이 실제 '할 수 있음'과는 동떨어진 경우는 또 얼마나 허다하던가. 예를 들면 초등 4학년 때 배우는 분수의 덧셈과 뺄셈을 몰라도 고등학교 졸업장은 있으니 말이다.

우리가 아이들을 가르치고 있었지만 정작 아이들이 무엇을 알았는지, 무엇을 할 수 있게 되었는지에 대해 정말 관심이 있었던 것일까? 그저 '가르치는' 것에만 함몰되어 있지는 않았는지. 우리 사회가 늘 배움보다 배움의 결과, 그것도 성적에만 집착한 건 아닐까? 평가인정교육기관이라는 까닭에 그 인증만 본 건 아니었을까. 시험을 통한 결과로 얻은 인증과 증명이 배움의 있고 없고를 나타낼 수 있는 부분이 있기는 하다. 그것이 공식적으로 그가 가진 배움을 사회가 판단하는 데 제법 안전한 기능을 할 때도 있고. 하지만 성적에만 집착하는 동안 배움에 대한 범주는 좁아졌다. 인증을 위한 비용과 기간은 점점 길어졌는데 실제로 얻는 배움에서 제도교육이 차지하는 비율은 오히려 줄었다. 석사과정, 박사과정을 밟는 긴 줄이 그것을 증명하지 않은가. 사유하고 삶의 문제를 해결하는 공부가 아니라 공부에 의한, 공부를 위한 공부를 하는. 배움이란 것이 다 인증으로 가서 이토록이나 민간자격증이 난무하게 된 것도 같은 흐름이 아닐까 싶다. 한 분야에서 특정한 일에 대한 자격을 인정받고 실제로 쓰는 자격증이 아니라 쌓는 자격증이라니.

제목은 알지만 내용은 깡그리 잊은 교과서를 생각해보자. 시험을 친 순간 모든 걸 잊는 고질병은 흔하디흔한 증세다. 왜냐하면 시험을 치는 순간 가치를 다했으니까. 그때 알았던 것은 그때 말고는 다 소용이 없는 거다. 그런

앎 말고, 삶 속에서 의미가 있는 앎, 그래서 잊히지 않는 앎, 우리 삶에 연결되는 앎은 어디로 갔을까? 외우게 된 것이 기쁜 게 아니라, '알게' 되어서 기쁘고, 그것이 삶을 채우고, 또 삶에 부족했던 무언가를 더해 성장하고, 무엇인가 새로 알게 된 것이 삶에 녹아들고, 그리하여 삶이 앎이 되고 앎이 삶이 되는 그런 배움이 우리들의 교실에서 일어날 수는 없는가!

그런데 여전히 국가교육과정이 이토록 철벽처럼 존속하는 이유는 무엇일까? 사회·경제적 까닭도 있겠지만, 어쩌면 너무 오랫동안 지속되어 그냥 그러려니 하는 익숙함에서 생긴 문제는 아닐까? 아니면 아예 다른 생각을 못해본 것은? 예전에 아이들이 학교는 당연히 가야 하는 줄 알았고, 학교 안 가면 큰일 나는 줄 알았던 것처럼 말이다. 이제는 국가교육과정에 대해 우리 사회가 좀 흔들어야 하지 않을까 싶다. 시대가 변했고, 세대가 달라졌으니!

기초학력 때문에라도 교육과정을 좀 더 해체하고 느슨하게 할 필요가 있다고 생각한다. 기초학력이 무엇인가?

교육과정을 통해 거쳐야 하는 최소한의 성취 기준이며, 삶을 영위하기 위해 필요한 최소한도의 읽고 쓰고 셈하는 능력이고, 교과학습 능력만이 아니라 시민으로서 더 나은 삶과 사회를 만들어 가기 위한 역량이기도 하다(아직 합의된 정의는 없는 줄 안다. 그것을 어떻게 정의하든지 이 문제가 몇몇 아이를 구제하는 차원이 아니라, 우리 사회가 함께 풀어야 할 과제임에는 틀림없다).

그런데 국가교육과정은 제시하고 있는 '성취기준'이 너무 많다. 각 단원·차시마다 반드시 가르쳐야 할 내용이 지나치게 규정되어 있으니 교사는 진도를 맞추느라 아이들의 학습상황을 찬찬히 살필 여력이 없다. 기초학력을 채우기 위해서라도 교육과정을 간소화할 필요가 있겠다.

기초학력 미달은 상급학교의 학업성취도에 영향을 미친다.

"학습부진을 경험한 학생들은 학업적으로 지속적인 어려움을 겪을 뿐 아니라 학습동기 저하, 부정적 자아개념, 원만하지 못한 교우관계 등 학교생활 전반에 걸쳐 다양한 어려움을 겪는 것"이라며 "부정적 경험이 누적되면서 정서·사회적 부적응 문제들이 심각해질 가능성도 있다"고 진단했다.

– [기초학력도 인권이다(상)], '284×44'에 "멘털이 나가려해요"…
코로나가 키운 '곱셈 못하는' 중2, 《경향신문》 2021. 4. 13. 기사 중 발췌

이 학생들의 가정은 조손·다문화·한 부모 가정이거나 정서적·신체적 학대를 받고 방치된 경우가 대부분이며, 학습지원 이전에 정서적 치유나 심리적 지원이 필요하다고 전문가들은 말한다. 그동안 상당한 예산과 인력을 투입했는데도 여전히 기초학력 부진 학생이 적지 않은 것은 정책이 교과학습 능력 차원에만 머물렀기 때문은 아닌지. 지속적인 교육적 지원과 다양한 보호장치로 효과적인 도움이 되는 복지차원의 접근이 필요하다는 말이다. 이때의 밑절미는 '남을 딱하게 여길 때는 세심하게 살펴야 한다'고 한 니체의 말이 되어야 할 것이다.

우리는 배움과 교육, 그 자체에 관심을 더 기울여야 한다. 배움이란 게 뭔지, 더 좋은 삶을 살게 하고 사람을 바꾼다는 것에야 이견이 없겠지만, 교육과정이 가는 대로 시

키는 대로만 따라갈 게 아니다. 어디로 가는지, 왜 가는지, 어떻게 가는지 물어야 한다. 그 물음에 대한 답이 교육내용을 채워야 한다. 우리가 무엇을 가르칠 것인가, 이 시대의 교육을 생각한다는 건 결국 삶에 대한 고민일 것! 우리 교사들이 떠나지 않고 학교에 남아야 하는 까닭이 거기에 있다고 믿는다.

아이들에게
'쉼'의 의미

아이들은 주로 책방에 모여 있다.

책을 읽고, 또 읽고,

소파에서 잠시 눈도 붙이고, 장난도 친다.

그렇다고 꼭 안에만 있는 것도 아니다.

운동장에 나가 공도 차고,

진돗개들과 어울려 놀기도 하고,

작은 연못을 기웃거리고,

꽃을 들여다보기도 하고….

놀다 놀다가 지치면,

또다시 책방으로 모인다.

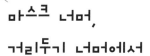

마스크 너머,
거리두기 너머에서

"옥 샘, 안녕하세요?"

2학년 동윤이가 특수학급에 와서 인사를 한다. 통합학급에서 장애이해 교육을 하지만, 자신의 학급에 특수아동이 없으면 학교에 특수학급이 있다는 사실조차 모르는 아이들도 꽤 있다. 교실만 해도 그 위치가 주로 학교 구석에 있는 경우가 많아서 교사들 사이에서도 특수학급이 잊히기도 한다. 우리 교실은 1층 한가운데, 그것도 급식실과 붙어 있기 때문에 아이들이고 어른들이고 거의 모를 수가 없었지만.

동윤이는 오빠가 특수학급에서 공부하기 때문에 우리 학급을 알고 있다. 최근에는 자기도 특수학급에 보내 달라고 떼를 쓴다는 소문도 들었다. 동윤이에게는 우리 교실이 많이 노는 것처럼 보였을 수도 있고, 다른 아이들로부터 재밌고 자유롭다는 이야기를 들어서 그럴 수도 있고.

일반적으로 초등 한 차시는 40분 수업, 그리고 10분을 쉰다. 그렇게 세 차례의 쉬는 시간 뒤에 50분간의 점심시간을 맞는다. 5, 6학년이라면 5, 6교시를 하고 그 사이 역시 쉬는 시간이 10분 있다. 우리 학교에서는 블록 수업을 한다고 1, 2교시를 묶고 20분을 쉬었다.

쉬는 시간에 아이들은 무지 바쁘다. 화장실을 다녀오고, 앞 시간 책을 집어넣고, 다음 시간 책을 꺼내고, 급식실에서 가져온 우유도 먹어야 하고. 그 와중에도 아이들은 교실 앞뒤 어디에서든 어울려서 논다. 둘이서 셋이서 뛰어다니고 앞뒤로 얘기하고 장난도 치고. 종일 그렇게 놀 수도 있는데, 야속하게 다음 수업 종이 울린다.

아이들은 많이 놀기 위해 급식을 빨리 먹기도 했다. 대체로 요새 사람들이 밥을 빨리 먹는다는 수준을 넘어선다. 그래야 많이 노니까.

학교에서 놀지 못하면 집에서 놀 수 있을 것 같지만, 요즘 아이들은 배우는 것도 많은데 휴식 시간마저 짧다. 시골이라고 다르지 않았다. 읍내까지 영어학원, 수학학원, 합기도 들을 다녀오고 나면 저녁 7시가 되어야 집에 돌아왔다. 심지어 저녁 8, 9시까지 학원에 간다는 아이들도 있었다.

아이들은 시간이 없어서 못 놀았지만, 같이 놀 친구들이 없어서도 놀지 못했다. 놀이터, 공터, 골목 모두 텅텅 비어 있다. 놀기 위해서도 아이들은 학교를 왔다. 학교에는 아이들이 있으니까.

예전에 저녁이 마당에 내릴 때야 놀이를 그치고 집으로 돌아가던 아이들은 이제 없다. 실외놀이들이 사라졌다. 아이들은 폰을 손에서 놓지 못한다. 친구들과 수다도 스마트폰으로, 노는 것도 스마트폰으로. 아이들이 있는 곳에 아이들이 가는 거니까, 아이들이 그 안에 있으니까.

아이들이 폰만 들고 있다고 걱정하지만 도구가 달라졌을 뿐이다. 아이들은 소통하는 데 폰을 쓰고 있었다. 그렇게 친구들과 노는 거다. 신체를 다 쓰는 대신 손가락과 눈을 쓸 뿐이다. 그래서 조금씩 거북목이 되어 가지만.

코로나 시절이 와 버렸다. 우리는 방역과 교육 사이에서 진통을 겪고 있었다. 어떤 학교는 학생 간의 접촉을 막기 위해 쉬는 시간을 없애기도 했다. 모둠활동도 할 수 없었다. 교사들은 아이들에게 끊임없이 뚝뚝 떨어지라고 말해야 했다. 중·고등학생은 원격수업 때 했던 내용으로 당장 수행평가부터 돌아갔고, 등교수업에서 교육이 제대로 이루어지느냐보다 등교여부에 온 힘을 빼고 있었다.

하지만 어른들이 그러고 있을 때도, 아이들은 학교에 와서 아크릴 칸막이 너머, 마스크 너머, 거리두기 너머에서 친구를 만났고 놀이를 그만두지 않았다. 친구들과 놀기 위해서도 아이들은 학교로 오고 싶었다. 수업과 수업 사이 그 작은 시간도 행복해서 말이다. 대단한 놀이를 하는 것도 아니다. 작은 알사탕을 엄청난 케이크보다 더 큰 기쁨으로 입안에서 굴리듯이 그 자투리 시간을, 얼마나 충실하게들 챙기는지. "공부를 좀 그렇게 해라"라는 소리도 들어가면서. 아이들의 놀이에 대한 집중은 놀랍다. 하지만 쉬는 시간은, 정말이지 금방 끝난다!

제도학교에 견주어 보면 물꼬에는 놀이시간이 좀 더 확보되어 있다. 이것으로 물꼬의 우위를 말하려는 게 아니다. 애초부터 교육목표가 다르기 때문이다. 특히 계자(계절자유학교)는 다른 까닭으로 오기도 하지만 그야말로 노는 것을 목적으로 오는 캠프이기 때문에도 그렇다.

물꼬에 처음 방문하는 이들을 위해 안내하는 시간이 있다. '물꼬 한 바퀴－물꼬 투어'는 물꼬가 무엇 하는 곳인가를 알리는 시간이다. 며칠 머물려고 올 때도 공간을 잘 쓰라고 하는 안내이고, 물꼬에서 특강을 할 때 그 강의 배경을 이해하는 걸 돕기 위해서도 움직이는 동선이다. 각 공간에서 무엇을 하느냐를 보면 그 학교가 무엇을 하는지, 그리고 어떤 방향을 갖고 있는지 알게 되니까.

물꼬 한 바퀴는 '가마솥방'이라고 부르는 부엌에서 시

작한다. 그곳에는 불가에 모여 서로 이야기를 하고, 차도 마시고, 밥도 먹고, 밥 먹을 때 밥상머리 무대에서 공연도 펼쳐지는, 물꼬 공동체의 중심이 되는 화덕이 있다. 사람들은 몇 발자국을 떼면서 선 채로 안내를 듣다가 책방으로 따라 들어온다. 책방은 아이들이 쉬는 시간에 가장 많이 머무는 곳이다.

"전이(轉移)시간이라고도 하지요."

'전이시간'은 옮겨 가는 시간, 수업과 수업 사이를 건너가는 시간이다. 이 시간에 아이들은 주로 책방에 모여 있다. 책을 읽고, 또 읽고, 소파에서 잠시 눈도 붙이고, 장난도 친다. 바닥에서 바둑도 하고, 알까기도 하고, 장기도 두고, 체스도 하고….

그렇다고 꼭 안에만 있는 것도 아니다. 운동장에 나가 공도 차고, 진돗개들과 어울려 놀기도 하고, 작은 연못을 기웃거리고, 꽃을 들여다보기도 하고, 걷기도 하고….

아이들은 놀다 놀다가 지치면 또다시 책방으로 모인다. 책이라야 새 책은 드물다. 아이들이 하도 봐서 너덜거리는 책도 많다. 그간 책을 잘 읽지 않았다는 아이들조차 서서히 책에 스며든다. 재미난 만화책은 줄을 서야 한다. 차례를 정하고 다 읽으면 다음 아이한테 건네진다.

충분히 쉰 아이들은 이제 다음 수업을 하러 모이자고 하면 하던 일을 바로 접고 탁탁 털고 일어선다. 미련을 갖지 않을 만큼 놀았으니까 일어나는 엉덩이가 가볍다. 그래도 아쉬워 뭉그적거리는 아이가 없지 않지만.

"물꼬에서는 전이시간이 깁니다. 심지어 한 시간을 쓸 때도 있어요."

세상만사를 잊고 일단 쉬는 시간, 아이들에게는 그런 '쉼'이 필요하다. 하지만 우리 어른들은 아이들이 오래 노는 꼴을 못 본다. 노는 건 공부하지 않는 시간으로 간주하기 때문이다. 책을 읽거나 뭘 쓰거나 하고 있지 않으면 말이다.

앞 시간에 배운 게 있으면 그것이 정리되는 시간도 필요하고, 배운 것들이 내 몸에 앉을 시간도 있어야 한다. 계속 쏟아 붓는다고 아이들이 그걸 다 받아내는 게 아니다. 쉬어야 비로소 다음 배움이 자신에게 들어올 수 있는 틈을 만들 수 있다.

물꼬에는 전이시간 말고 대놓고 쉬는 '한껏 맘껏'이라는 시간도 있다. 수업시간에 못다 한 것을 더 익힐 수 있는 시간으로, 또 뭔가 제 생각으로 꾸릴 수 있는 시간이다. 말 그대로 한껏 맘껏 놀기도 한다. 틈으로 노는 시간과 확보된 놀이시간으로 노는 건 큰 차이가 있다. 일단 덜 감질나고, 또 뭔가 계획적일 수도 있다. 굳이 말을 찾자면 쉬는 시간 대신 '자유시간'이라고 할 수 있겠다.

"구들더께라는 시간도 있습니다."

'구들더께'는 늙고 병들어 방 안에만 들어앉아 있는 사람을 농으로 일컫는 낱말인데, 물꼬에서는 긍정으로 바꾸어 쓴다. 이 시간은 구들을 지고 뒹굴면서 아무것도 안 하거나, 혹은 하면서 쉬어 가는 때다.

이 시간이 생겨난 것은 엿새 동안 이어진 계자에서였다. 물꼬는 무척 원시적인 공간이고, 그 공간에서 느끼는 불편은 집을 떠나온 피로를 가중시키기도 한다. 24시간을 같이 자고 같이 먹고 놀면서 온 에너지를 뿜고, 또 공간이 넓으니 동선도 그만큼 길고 필요한 에너지 또한 많다. 그래도 아이들은 힘이 넘친다. 그 기운을 어른들이 도저히

따를 수가 없다. 그래서 어른들을 위해서도 엿새의 계자 일정이 중반을 돌 때 구들더께를 두어 잠시 호흡을 고르는 시간으로 마련했다.

당연히 이 시간에 방에 누워 쉬는 아이는 몇 없다. 아파 누웠거나 누워 쉬는 아이들 한쪽 곁에서 공기놀이를 하거나 뭔가 만들기도 하지만, 대부분의 아이들이 책방으로 모여든다. 아니면 마당에서 축구를 하고 눈밭에도, 뙤약볕 아래서도 뛰어다닌다. 아이들이 가진 우주를 찌를 듯한 기운에 입이 벌어지고 마는 시간이다.

마음의 어둠을 털어 내고, 한껏 자신을 다 쓰고 나면, 말개진 영혼들이 걸어 들어온다. 그러면 거친 숨과 땀범벅으로 다음 수업이 어수선할 것 같지만, 외려 집중도가 높다. 실컷 놀았으니 공부 좀 해 볼까 하는.

아이들은 쉬어야 하고, 그 시간은 쉴 만큼의 시간이어야 한다! 그때 어른들이 가르친 것보다 더한 배움이 일어나기도 한다. 자신의 내부에서도, 혹은 관계 안에서도.

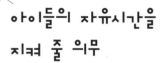

아이들의 자유시간을 지켜 줄 의무

아이들은 쉬는 시간이 필요하다, 한껏 맘껏 쉴 수 있는 시간. 우리 어른들이 그러하듯, 쉬어 가야 다음 일을 할 힘을 얻는다. 그들 역시 그들의 몫으로 삶을 살아 내고 있으니 쉬어야 다음 모퉁이를 돌지 않겠는지.

하는 것도 중요하지만 하지 않는 시간도 중요하다. 아무것도 하지 않는다고 해서 아무 일도 일어나지 않는 게 아니다. 어떤 일이 일어나기 위해 바로 그 일어나지 않는 시간이 있는 것 아니겠는가. 언제나 일어나기만 한다면 어떻게 도약이 있겠는지. 개구리가 더 멀리 뛰기 위해 웅크리는 시간, 뜀틀을 뛰어넘기 위해 구름판 앞까지 일정한 거리를 달려와 멈추는 찰나 같은 시간들 말이다.

아무것도 하지 않는 비어 있는 시간에 아이들은 스스로 큰다. 그것은 제 생명력을 발휘하는 시간, 자신에게 찾아들 수 있는 시간, 그리고 영감이 성숙되는 시간이다.

우리가 쉰다는 것은….

무엇을 향해 가는 시간은 늘 긴장이 따른다. 어떤 걸 이루고자 함은 힘이 들어가는 일이다. 그러면 뻑뻑해서 잘하던 것도 안 된다. 평소에 잘 묶는 신발 끈도 좋아하는 친구가 보고 있으면 잘 안 된다. 힘이 너무 들어간 거다. 잘 풀던 문제도 막상 시험에서 못 푸는 것도 긴장했기 때문이다. 하려고 하면 도리어 잘 안 된다. 그러면? 바위투성이 산을 올랐다가 내려올 때 더 잘 내려오려면 다리에 힘 팍 주고 뻣뻣하게 내려오는 게 아니다. 힘을 빼고 꿀렁꿀렁 진동을 만들 때 쉬 넘어지지 않고 고통도 덜하다. 심지어 재미도 생긴다. 이전까지 힘만 들었던, 그래서 의미 없었던 산이 처음으로 그곳에서 무엇이 나고 자라는지 눈에 들어온다.

여유가 있어야지 다른 게 보인다. 잘 풀리지 않던 작업도 거리를 두면 그제야 문제의 가닥이 보이고 전체를 통찰할 수 있다. 놀 때도 그런 시간을 가져 보지 않은 아이들은 자꾸 교사를 부르고 엄마를 부른다. 불안하니까! 찰방거려 봐야 다른 시도도 쉽다. 그런 시도 속에 새로운 것들이 얻어진다. 창의성이란 그렇게 나오는 것. 창조도 그렇게 시작될 것이다.

"아유, 문제는 한없이 놀기만 하잖아요."

아이들이 놀아야 뭐라도 만들어 낸다고 하니까, 한 엄마가 말했다.

그렇다. 놀기만 한다고 다 되는 건 아니다. 쓰지 않는데 어떻게 글이 되고, 물에 들어가지 않는데 어떻게 수영을 하며, 공부를 하지 않았는데 어떻게 시험을 잘 볼 수 있겠는가?

기본이 있어야지! 뭐라도 있어야 탑이 세워진다. 기본은 저절로 되지 않는다. 시간을 들이고 힘을 들여야 한다.

창조는 그 바탕 위에 세워지는 건물이다. 한 게 있어야 뭐라도 나온다. 하지만 계속 하라고 몰아갈 게 아니라는 의미에서 또 균형을 말하게 된다.

기본을 익히는 시간, 거기에 더하여 배움을 연습하는 시간, 그 다음은 배움이 내 몸에 안착하는 시간이 필요하다. 쉼! 아무것도 하지 않고 앉아 있는 것이든 노는 것이든, 그것을 통해 편안하게 자리잡은 배움이 우리 안에서 숙성하고 다음 앎을 배우는 배경이 된다. 이것이 쉼이 만들어 주는 선순환일 것이다.

아이들에게 '놀아라' 혹은 '쉬어라' 하면 뭘 해야 하냐고 묻는 아이들이 꼭 있다. 아니면 같이 놀자고 어른들을 볶는다. 너무 오래 혼자 놀아 보지 못해서, 너무 오래 자유를 갖지 못해서 그럴 것이다. 야생성, 자연성을 잃었다고도 할 수 있겠지. 가르쳐야 배우는 것도 있지만, 혼자서 깨치는 것도 있다. 자신이 무엇에 흥미를 가졌는지 스스로 찾고 고르는 자유시간이야말로 한 사람의 저력을 만드는 일이 아닐까?

혹 곁에서 아이의 노는 양을 보다가 더러 개입하고 싶을 때도 있겠지만, 그의 길을 갈 수 있도록 우리 그저 지켜만 보았으면! 우리는 그들이 안전한지 그렇지 않은지만 살펴 주면 된다. 언젠가 그것으로부터 더 나아가 아이 스스로 위험에 대한 민감도까지 기를 수 있다면 더할 나위 없을 테고.

아이들은 자유시간을 통해 문제해결 능력도 키우고, 탐색하는 능력도 기르고, 자기조절력도 키워 간다. 자유롭게 자신의 의지대로 놀아 본 아이들은 회복 탄력성도 크다고 한다. 맞다. 살다가 어려움을 만나도 충분히 놀아 본 아이들이 그것을 더 잘 이겨 내고 감당해 낼 것이다.

그런데 자유시간이 중요하다는 걸 알면서도 우리는 왜 아이들을 내버려 둘 수 없는 걸까? 어떤 제약도 없이 그냥 내버려 두는 시간을 왜 허용하지 못하는 걸까?

그건 배움의 즐거움이 변하는 것과 결을 같이 하지 않나 싶다. 평가가 문제인 것이다. 평가에 대한 시각을 바꾸지 않는 한 우린 계속 끌려가는 거다. 줄 세우기에서 우리 아이를 앞쪽에 세워야 하니까 자유시간을 줄 수 없고, 아이들이 스스로 깨칠 때까지 기다릴 수 없다. 그놈의 평가가 뭐라고, 도대체 성적이 뭐라고….

평가는 더 이상 아이들이 무엇을 할 수 있느냐 없느냐, 했느냐 할 것이냐의 기준이 아니다. 그저 점수로 대치된다. 그래서 평가의 목적은 높은 점수를 받는 것이다. 그 꼭대기에 대학수학능력시험이 있다. 결국 수능은 성적으로 줄 세우는 일이 된다. 그 줄에 잘 서는 것은 시험에 얼마나 익숙한지로 결정된다. 문제를 틀리면 배운 것을 되짚어 이해하는 과정보다 더 많은 문제를 연습하는 것에 집중한다. 그 연습을 잘 시킬 수 있는 재력이 중요하고, 교과서만으로는 안 되니까 사교육을 찾는다. 모두 다 갖고 있는 교과서로는 변별이 없으니 더 큰 변별력을 위해 사교육 시장으로 가는 것이다.

질문이라고 없는 교실에서 아이들이 제일 많이 하는 질문은 "이거 시험에 나와요?", 아이들을 집중시키는 데 가장 좋은 말도 "이거 시험에 나온다!"라던가. 적어도 그

때는 엎드려 있던 아이들도 부스스 일어나 교과서에 밑줄을 긋는다. 온 사회가 그러하니 아이들도 어른들도 평가에서 자유로울 수가 없다.

평가의 시각은 주변 사람으로 향해 여자를, 남자를, 친구를 평가한다. 그가 어떤 사람인지를 평가하는 게 아니라, 사회적 위치로 인간을 편협하게 보는 것이다.

그러니 부모와 교사, 어른들이야말로 평가에 대한 의식이 중요하다. 우리가 평가를 어떻게 바라보느냐, 시험을 어떻게 보느냐에 따라 아이들이 달라질 수 있을 테니까. 아이들은 원래부터 그랬던 게 아니라, 순전히 우리 어른들을 따라하는 것이니. 우리가 시험에 가치를 두고, 등수에 지나치게 보인 관심이 아이들도 그것에 매달리게 했을 것이다. 우리가 아이들의 '아는 것'에 관심을 두면 아이들도 등수와 자신을 일치시키지 않을 텐데 말이다.

물론 쉬운 일은 아니다. 나 역시 아이들이 등수와 자신을 하나로 보지 않을 만한 방법을 딱히 알지 못한다. 하지만 교사가 아이들에게 "시험결과로만 너를 평가할 수는 없어! 그 평가가 전부는 아니니까"라고 말해 준다면 교사의 이런 생각과 말이 도움이 되지 않을까? 아니, 분명 도움이 된다!

어릴 적 읽은 《원숭이 꽃신》 이야기는 어린 마음에 무척 강렬하게 남았다. 동물나라에서 남부러울 것 없이 행복하게 살던 원숭이에게, 어느 날 오소리가 찾아와 꽃신을 선물한다. 원숭이는 신발이 필요 없었으나 거저 준다기에 받아 신었다. 그 후로도 오소리는 꽃신을 계속 바쳤고 원숭이 발바닥의 굳은살은 차츰 얇아졌다. 이윽고 신발 없이 나다닐 수 없게 된 원숭이는 가진 것을 다 줘도 꽃신을 살 수 없게 되자, 오소리의 종이 되고 만다. 다른 사람에게 의지하지 않고 제 힘으로 살아야 자기 삶의 주인이 될 수 있다는 주제였다.

그래서 나도 앞으로 제 힘으로 살아 내는 사람이 되겠다고 굳게 결심했다는 결론이 아니다. 원숭이 발바닥, 시나브로 굳은살이 얇아져 가는 발바닥이 무서웠다. 서서히 그림자가 덮치는 것 같았다.

우리가 지금도 등수와 자신을 하나로 생각하는 평가에서 벗어나지 못하는 것은 다른 걸 생각해 보지 못했기 때문이고, 혼자만 벗어나서 뒤처질까 봐 두렵기 때문일 것이다. 그러면서 세상이 그래서, 사람들이 그래서 나도 어쩔 수 없었다고 생각한다. 바꿀 수 없기 때문에 아무것도 하지 않는다는 패배주의도 힘을 보탰을 테고.

젊은 날 세상을 바꾸는 것은 높은 깃발과 큰 함성과 강경한 선언이라고 생각했다. 그러나 지금은 나그네의 외투를 벗기는 건 집도 날려 버릴 것 같은 매서운 바람이 아니라 햇볕이라는 것에 설득되었다. 웅대한 장벽도 모르는 사이에 조금씩 스미는 물을 당할 수 없다. 가랑비에 옷 젖는 줄 모르는 법이라. 우리가 생각을 바꾸고, 한 명이라도 이런 평가에 저항한다면 전복의 날은 현실에 더 가까워진다. 아무리 획기적인 교육 시스템이 등장한다 해도 현재와 같은 평가가 계속 힘을 발휘하고 있다면 실제 작동은 어림도 없겠지만, 생각을 바꾼 이가 둘이 되고 셋이 되고 넷이 되면 마침내 이 같은 평가는 힘을 잃고 아이들은 기쁜 공부를 하고 있을 것이다.

자유시간에 대한 이야기가 여기까지 흘렀다.

행복이 무엇인가? 기쁨이 이어지는 것 아닌가. 배움에서의 기쁨이 무엇인가? 배우고 익힘으로써 내 경험세계를 확장해 나가고 자유로워지는 즐거움, 거기에 더하여 그것을 나눌 친구들이 있는 기쁨이 아닐까. 이런 것에 대한 환기, 태도 변화가 우리 아이들의 쉬는 시간, 자유시간을 지켜 줄 수 있을 것이다.

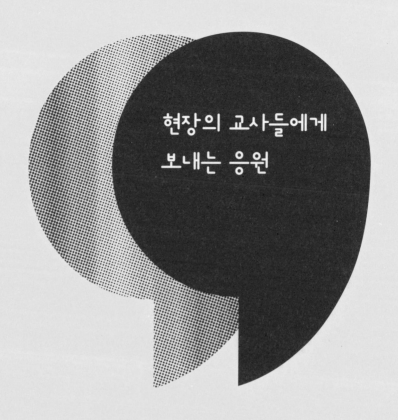

현장의 교사들에게
보내는 응원

출근하는 길, 바구니에
찻자리에서 쓸 기물들을 담았다.
날이 더우니 시원한 느낌을 주는
찻잔들을 챙기고, 팍팍 삶고 풀 먹여
햇볕에 잘 말리고 다린 다포를 개켜 넣고,
차통에는 백차, 청차, 홍차를 새로 담았다.
그리고 우산을 쓰고 밖으로 나가
찻잔 받침으로 쓸 감나무 잎을 따서
차곡차곡 챙겼다. 작달비가 무섭게
내리꽂히고 있었다. 길은 괜찮으려나?

차를 달이고 마주한 시간

분교가 한 달 넘게 공사에 들어갔고, 본교에서 수업이 이루어지고 있었다. 교무실에 분교 교사들이 한 책상씩 자리를 잡았는데, 우리 교실에는 아이들이 쓰는 데스크톱이 놓인 책상이 있어서 나는 교무실에 굳이 살림을 벌이지 않았다.

코로나19 영향이라 그랬을 것이다. 원격으로 처리하는 일이 더 많아졌고, 교사들은 교무실로 출근하고 교무실에서 퇴근하던 시절과 달리 대개 각 교실로 출근하고 교실에서 퇴근을 하고 있었다. 그런데 교무실에 갈 일은 없어도 특수학급은 꼭 들린다는 농을 하듯 어느 때부터 우리 교실은 교사들의 참새 방앗간이 되었다.

"뭐가 이리 멋스러워!"

우리 교실 한편에는 야트막한 쟁반에 물을 담아 수레 국화들을 띄워 놓았고, 엊그제 행사에서 썼던 수국을 꽂아 놓은 큰 유리 항아리도 놓여 있다. 동료 교사들은 이 모습을 놓치지 않았다.

교실의 작은 소품도 예쁘게 발견해 주는 교사들이었다.

수업이 끝나고 아이들이 돌아갔다. 낮 2시, 차를 달였다. 온라인 개학에서 간간이 교사들이 들리던 찻자리를 등교개학 이후 정해 놓은 시간처럼 펼쳤다. 때로 초대한 이가 왔고, 더러는 그냥도 들렀고, 언제는 그 자리에 오겠노라 예약을 하는 이도 있었다. 본교와 분교 합쳐 서른 명 남짓 되는 어른들이 있었다.

그날은 백차와 홍차를 달였다. 차를 들다가 한 교사가 울음을 터뜨렸다. 물꼬에서 가장 많이 하는 일이 사람들 마음을 챙기는 일이라, 나는 말없이 차만 내었다. 그도 다른 말은 하지 않았다. 따뜻한 차가 위로이기를, 그저 앞에서 듣고 있음이 위안이기를. 꼭 뭘 해결해 주어야 하나, 그럴 수 있는 것도 아니고, 결국 당신 자신이 길을 알지라.

다음날 그가 다시 왔다. 고맙다고 했다. 그저 차를 달이고 따랐을 뿐이다. 그는 현재 겪고 있는 어려움을 털어내고 갔다. 그렇게 가벼워진 마음이 교실의 평화에도 기여하지 않았겠는지.

하루는 교사 다섯이 찻자리에 마주하고 앉았다. 종일 수업하고 잠시 숨을 돌리는 참이었다. 5학년 담임교사가 이 교실의 특별함을 이야기했다.

"여기는 상담실이자, 쉼터예요. 치유하는 곳이죠!"

어디라도 '나' 있는 곳이 내 자리, 내 거하는 곳이 내 집이라. 물꼬에서 지내오던 흐름과 별반 다르지 않게 지낼수 있었음은 분교의 특수학급 교사가 잠시 비운 자리에 나를 초대해 준(당연히 공고를 통한) 교장 샘의 응원과 사람 좋은 샘들의 지지가 있어서, 또 누구보다 좋은 동지인 본교의 특수교사가 있어서 가능한 일이었다. 그리고 무엇보다 아이들이 있잖은가!

어느새 동네 사랑방이 된 찻자리, 그 시간은 한가해서 마련된 자리가 아니었다. 현장의 교사들은 수업만 하는 게 아니고, 처리해야 할 공문에, 받아야 할 연수까지 할 일이 줄을 섰다. 하지만 그들에게도 쉬어 가는 시간이 필요했다.

교사들끼리 서로 알아가는 자리도 되었다. 우리는 제도학교든, 비제도학교든 교사로서 아이들을 섬기는 사람들이었으니 서로가 지니지 못한 것을 채우게 하는 지점도 있었다. 찻자리는 사람을 만나고 서로의 세계를 확장시키기도 하였으니, 사람이 사는 마을 같았다.

교사들은 의논할 일이 생겼을 때도 찻자리를 찾았다. 하루는 한 담임교사가 학급 아이의 상담을 의뢰하러 왔다. 분교와 본교를 같이 모아 수업을 하면서 개별수업이 더욱 어려운 상황인지라, 그 아이를 대상으로 좀 살펴봐 주었으면 좋겠다는 부탁이었다. 특수학급에 입급해야 할 것인가 가늠해 주면 부모를 설득해 절차를 밟겠다고. 수업에 참관해 아이들 속에서 그 아이를 관찰하기도 하고, 따로 그 아이만 데리고 수업도 해 보겠다고 답했다. 아무

것도 안 해도 굴러가지만 누군가는 그 일을 하고, 찾으면 또 일이 넘치는 게 학교였다.

학부모 상담도 찻자리에서 이루어졌다. 어느 날, 세 아이 가운데 둘째가 장애가 있는 엄마가 찾아왔다. 찻자리에 놓인 다화를 가리키며 내가 물었다. 이 꽃이 예쁜 줄은 아시는가, 창밖의 짙어 가는 저 초록이 보이기는 하신가 하고. 아이 잡지 말고, 엄마 삶을 보살피시라고, 자신의 영혼을 좀 쉬게 하시라고 권했다. 자폐아의 부모가 어떤 시간을 보내는지 내가 다 안다고는 감히 말할 수 없다. 하지만 이런 말은 할 수 있었다. 자폐는 그것을 비극으로 받아들이는 경우에만 가족들에게 비극이 된다고, 가장 커다란 비극은 그것을 비극으로만 생각할 때라고.

"사람은 누구나, 어머님도 저도 배우고, 깨우치고, 나아지고 익숙해져야 할 면들이 있잖아요."

자폐아도 그렇다. 우리가 그를 어떻게 대하는가(기대, 태도, 예의)에 따라 타인들도 그를 그리 대할 것이다. 싸움은 자폐아나, 자폐아를 보는 타인들이 아니라 부모의 좌

절, 혹은 오해 또는 끈기 없는 우리 자신과 해야 할 것이라고 말했다. 아이의 엄마는 찻자리에서 나눈 대화 속에서 지난 시간을 뉘우치고 마음을 굳게 다잡는 과정을 보여 주었다.

코로나19 사태에서, 학교의 역할과 의미에 대한 질문들이 찻자리의 주제로 나오지 않을 수가 없었다. 여기는 시골의 작은 학교라 날마다 전교생이 등교했지만, 큰 학교들은 사정이 달랐다. 그래서 인근 대도시로 유학 갔던 아이가 다시 전학 오는 사례도 심심찮게 있었다.

"부모들이 학교 귀한 줄 알게 됐을 겨."

가정에서 아이들의 시간을 책임져야 하고, 일상생활의 흐름은 흐트러지고, 급식이며 학교를 기대고 살았던 일부 아이들은 갈 곳을 잃었다. 학교가 있어서 그나마 교육격차가 덜 했다는 것도 새삼 깨달았고, 가정과 사회가 함께 분담해야 했던 몫을 많은 부분에서 그간 학교가 해 왔다는 걸 다시 보게 되었다. 학교는 단순히 지식을 전달하는 학습장 너머 아이들을 건강한 사회 구성원으로 키우는

데 그 몫을 해 왔던 것이다.

"이렇게 해서도 아이들 학력이 괜찮을까요?"

"현재로서는 당장 닥친 상황에 급급하니까 조금 안정되면 교육부에서도 어떤 안내를 할 것 같아요. 우리도 교실에서 역할을 잘 해 나가야겠죠."

"코로나19 발생 원인이 거시적인 관점에서 볼 때 환경파괴 때문이라고 하더라고요. 1차로 기후변화, 그리고 기후변화로 인해 사라지는 생물다양성이 문제라고…."

"예방이 최선의 치료라니까, 교육현장에서도 생태계를 위한 구체적 행동지침을 가르치고 실천해야 하지 않나 싶어요. 지금은 당장 정신이 없지만 공문이 오지 않겠어요? 일선에서 우리도 방법을 찾아야겠지만…."

코로나19도 백신을 접종하기 시작했다. 하지만 팬데믹 사태는 이번 상황이 끝난다고 해도 꼭 감염병에 국한되지 않고 얼마든지 벌어질 수 있을 테다.

코로나19는 생각보다 늦었으나 또한 생각보다 빨리 원격시대를 열었다. 기업에서는 화상회의가 이렇게 쉽게 전

환될 수 있는 거였나 싶었다고 했다. 그렇다면 원격 상황에 아이들 수업은 어떻게 해야 할 것인가?

"온라인 수업에서 공통된 교육과정을 가르치고, 등교수업에서는 아이들 각 수준에 맞춘 개별화 수업을 진행해야 하지 않을까요?"

"선생님은 코로나 이후 학교가 어떻게 될 것 같아요?"

"중·고등 학생들이야 온라인 학습으로 이어간다 해도 우리 애들만큼은 어떻게든 대면수업을 해야 하지 않을까요? 상호소통이 아주 중요한 아동기잖아요."

논의가 본격화될 테지. 언제나 흔들렸고, 그러다 제도가 만들어지지 않던가. 나 역시 이 시기를 제도학교에서 보낸 것이 교육에 대해 더 깊이 생각해 보는 좋은 계기가 되었다.

그 어떤 것보다 가장 근원적 질문은 바로 우리 자신에 대한 것!

'교사, 이 시대 우리들은 누구인가?'

스승은 특정 분야의 지식이나 기능을 가르치는 전문

인이 아니라, 한 사람이 살아가는 데 필요한 삶의 자세와 함께 필요한 제반 능력을 길러 주고 이를 몸으로 실천하는 사람이다(박남기, 2015).

나는 그 한철, 우리 교사들이 아이들에게 준 것 가운데 '따스한 관계'도 적잖이 영향을 미쳤으리라 여긴다. 그것이 아이들에게도 전해졌으리라. 우리 사회가 아이들에게 사이좋고 정답게 지내라고 하지만, 정작 우리 어른들은 그렇게 관계를 맺었는지…. 아이들이 싸운다면 그것은 인간의 본성이라기보다 우리 사회가 보인 폭력과 싸움 난무한 장면을 보면서 배웠기 때문 아니었을까. 그들은 동물적인 감각으로 안다, 공기가 흔들리는지 따사로운지를.

우리가 서로 다사롭게 만났던 공기 속에 우리 아이들이 있었다!

교사의 선한 결은
아이들에게 번져 가고

온라인 수업을 하면서 아이들과 대면하지 않는 상황이 한편으론 반갑기도 했다는 한 교사의 고백을 들었다. 그 고백이 이 땅의 많은 교사들이 교실에서 겪고 있는 고충과 고민을 대변한다는 걸 학교 밖에 있는 이들도 짐작할 수 있을 것이다.

요즘 아이들이 시간에 쫓겨 가장 먼저 내던진 것은 '밥과 잠'이다. 바쁜 학원 일정으로 한시라도 허비하지 않으려고 대충 끼니를 때우고, 부족한 잠은 수업시간에 채운다. 그렇게 엎드린 아이가 절반도 넘는다는 교실에서 교사의 말은 힘을 잃었다. 아이들과 소통조차 쉽지 않은 교단에 좌절하고 영영 학교를 떠난 동료 교사들도 줄줄이 있다. 아직 현장에 있는 우리는 떠나지 않은 걸까, 아니면 떠나지 못한 걸까? 곧 떠날 것인가, 아니면 남을 것인가?

근대 교육에서 교사는 세상과 아이들을 연결해 주는 매개자였다. 그 시대는 교사가 경험·지식·정보에서 절대적 우위를 점하고, 교육결정권도 가졌을 때니까. 하지만 작금의 정보통신 기반에서는 기성세대가 정보 독점력을 잃었고, 지식과 정보 교육의 정당성은 누추할 지경이다. 가르치는 이가 교사이고, 배우는 이가 학생이라면 그 관계는 학교 밖에도 얼마든지 있고 심지어는 서로 만날 필요도 없다. 책이나 각종 매체를 통해서 가르치고 배울 수 있으니까. 교사라는 다리 없이 지식은 언제 어디서나 접근할 수 있는 형식과 방식으로 존재하니까 말이다. 인터넷 강의만 해도 아이들은 자기에게 맞는 강의를 고를 수 있고, 실제 그렇게 하고들 있다. 이 시대 아이들을 인류 역사상 처음으로, 앞선 세대보다 더 많은 지식과 정보로 무장하고 더 똑똑해진 첫 번째 세대라고들 하지 않는가. 그렇다면 교사는 무엇을 해야 할까? 이제 교사의 효용성은 사라질 것인가? 교사의 역할이 그저 지식과 정보 전달자였다면 교사는 없어야 하는 게 너무나 자명한 일이다. 하지만 아니다! 그건 교사의 역할을 기능적인 의미로만 봤을 때 그런 것일 뿐, 그 너머 분명 다른 무엇인가가 있다.

우선 교사는 학교현장에서 사람을 바꾸고, 그 변화가 삶을 좋게 만드는 데 일조한다. 교사 자신도 모르는 사이에 정규 교육과정 이상의 것을 가르치고 있는 것이다. 그 과정에서 이미 규정된 목표를 이루기 위한 기능적이고 효율적인 교육의 세계를 뛰어넘는다.

교사는 다른 어른들보다 절대적으로 아이들 앞에 서는 시간이 많다. 교사는 삶에 대한 자세와 태도를 아이들에게 가르치는 사람, '선생(先生)'이란 그야말로 먼저 사는 자 아닌가. 우리가 지나온 학교를 돌아봐도 그렇지 않은가. 우리는 선생님들이 가르치지 않은 것도 바로 그들을 통해 배웠다. 교사가 숨 쉬는 것조차 아이들이 보고 있고, 그것마저 아이들은 배운다. 그런 의미에서도 학교현장에서 교사들은 좋은 공동체를 이루어야 한다. 아이들은 피부로 호흡하니까, 그 분위기를 다 알아챈다. 우리가 불편해 하고 있는데 아이들이 어찌 편할 수 있을까. 자신부터 삶이 즐겁고, 자신의 꿈을 실현해 가는 걸 보여 주는 사람이 교사여야 하지 않을까?

지금은 예전처럼 아이들 주변의 모두가 어른이었던 시대가 아니다. 길을 가다가 문제 아이를 보게 되어도 외면하기 일쑤다. 그러니 더욱 학교에서 교사가 가르쳐야 할 것은 어떤 걸 하지 말라는 게 아니라, 해야 할 행동과 하지 말아야 할 행동을 분별하는 힘이다. 그것은 머리로 외워서 하는 게 아니라, 마음을 움직여 하는 일. 선(善)하도록 환기하고, 아이들이 그러고 싶고 더 나아가 그렇게 하도록 하는 게 교사가 해야 할 중요한 안내다. 교사는 그런 존재다. 그 어려운 자리에 우리가 있다. 교사가 다른 직업과 다른 것도 바로 이런 부분이 아닐지. 우리가 허리를 곧추세워야 할 까닭도 여기에 있다고 생각한다.

어쩌다가 사범대생이나 교육대생 대상으로 강의를 할

때면 마지막 질문으로, 교사가 될 이들에게 한마디 해 달라는 요청을 받는다. 그때마다 지난 20년간 한결같이 '우리, 선하고 순한 사람이 됩시다'라고 답한다. 아이들이 어디 가르치는 대로 되는가? 아이들은 '보고' 배운다!

누구나 좋은 세상에 살고 싶어 한다. 좋은 세상은 선하고 순한 사람이 만든다. 그러자면 나부터 그래야 한다. 교사의 순하고 선한 결이 아이들에게 번져 갈 수 있도록.

가르치는 실력은 쌓아 가면 되고, 필요한 자료는 인터넷에서 얼마든지 찾을 수 있는 세상이다. 이 시대에는 적어도 몰라서 못 가르치진 않을 것이다. 그렇다고 이것이 교사가 실력을 키우는 일에 소홀해도 된다는 말이겠는가. 공부하지 않는 교사가 아이들 앞에 서는 건 부끄러운 일이다. 아이들에게는 공부하라고 하면서 말이다.

요새 젊은 교사들을 보면 그래도 퍽 밝은 내일이다. 팬데믹 시대, 아무 준비도 없이 교육부에서 일방적으로 온라인 개학을 선포했을 때 갖가지 방법으로(심지어 방문수업도 하면서) 상황을 해결하려고 애쓴 건 바로 현장의 교사들이었다. 공교육을 놓치지 않으려고 부모들 혹은 아이들과 끈질기게 통화하고 SNS로 연결하고, 동영상을 찍어본 적 없는 이도 수업영상을 만들고…, 거기에는 젊은 교사들의 공로가 컸다. 나만 해도 곁에서 그들이 도와주지 않았다면 온라인 개학으로 제도학교에서 보낸 시간을 도저히 건널 수 없었을 것이다.

그런데 온라인 개학을 했을 때, 아이들이 원격수업과 정보통신 기술에 잘 적응할 거라는 교사들의 예상은 빗나갔다. 아이들은 게임이나 기초적인 검색 정도만 하는 경우가 많았다. 정보통신에 적응하기 위한 소양은 부족했던 것이다. 그것을 교사들이 가르쳐 가면서 코로나19의 시간을 건너고 있다. 비판과 비난도 많지만, 결국 미증유의 사태에 모든 상황을 끌고 가고 있는 것은 바로 현장의 교사들이다.

코로나19로 인한 학력 격차를 우려하는 목소리가 꾸준히 제기되고 있다. 소득계층 차이에 따른 양극화가 학교를 가지 못했기 때문에 더 벌어진 건 아닐까 하는 의견도 많다. 저소득층의 경우, 저학년 아이들일수록 그 차이가 더 커진 것도 대면수업이 없었기 때문에 그런 건 아닐지. 우리나라가 OECD 국가 중 부모의 경제적 지위와 자녀의 학업 성취 간의 상관관계가 가장 낮다고 한다. 그 말인즉, 공교육이 그만큼 넓게 포진하고 있다는 말이다. 이것 또한 학교의 고유성과 가치를 대변해 주는 게 아니겠는지. 동시에 교사가 무엇을 하는 사람인지 다시 일깨워 주는 대목이다.

아까 사범대생이나 교육대생 강의로 돌아가서, 나는 이렇게 갈무리한다.

"아이들을 보셔요, 우리가 뭐라고 저들이 우리를 따르고 있어요. 부모가 함께하지 않은 시간, 우리가 그들에게 그런 존재로 앞에 있지 않은가요? 한 존재의 성장기에 동행하는 일이란 어마어마한 일이지요. 그 위대한 일을 우리가 하고 있습니다. 교사에게 무엇이 필요하냐고요? 뭐니 뭐니 해도 아이들을 섬기는 마음이지요!"

대개는 부모가 그 첫 번째 역할을 하지만, 이 세상에 단 한 사람만이라도 두남두는 자기편이 있다면 아이들이

크게 어긋나지 않고 세상을 살아가지 않겠는가. 더하여 한나 아렌트의 글 일부를 천천히 읽어 준다.

교육은 우리가 세계에 대한 책임을 질 만큼 세계를 사랑할지, 같은 이유로 세계의 갱신 없이, 즉 새로운 젊은 사람들의 도래 없이는 파멸이 불가피한 세계를 구할지를 결정하는 지점이다. 또한 교육은 우리가 아이들을 우리의 세계로부터 내쫓아 그들이 제멋대로 살도록 내버려 두지 않고, 그들이 뭔가 새로운 일, 뭔가 예측할 수 없는 일을 할 수 있는 기회를 빼앗지 않으며, 또한 그들이 공통의 세계를 새롭게 하는 임무를 담당할 수 있도록 미리 준비시킬 정도로 그들을 사랑할지를 결정하는 지점인 것이다.

- 한나 아렌트, 《과거와 미래 사이 : 정치사상에 관한
여덟 가지 철학연습》, 푸른숲, 2005

마지막으로, 어떤 교사가 좋은 교사일까?
사랑을 놓치지 않는 교사, 그리고 건강한 교사도 손에

꼽힐 것이다. 교사는 마음 못지않게 몸도 돌봐야 한다. 건강하지 못한 몸이 어찌 건강한 정신을 담을 수 있을까? 우리가 코로나19 때문에 잃어버렸다는 일상도 그런 것 아닌가. 같이 밥을 먹고 이야기를 나누고 따스한 정을 나누던 그 소소함이 우리를 인간으로 기쁘게 하고 행복하게 하였다. 너무 기본이어서 우리가 놓치고 있었던 것. 건강한 내가 건강한 관계를 맺을 수 있고, 교사와 아이의 관계도 마찬가지다. 교사 자신이 행복해야 한다. 나 자신을 위해, 또 아이들을 위해서도.

그런 의미에서 오늘도 우리 뜨겁게 살자. 생의 넘치는 기쁨을 고스란히 우리 아이들이 볼 수 있도록! 그래서 삶이 살고 싶어지게 말이다. 희망이 무엇인가? 내일에 대한 기대 아닌가. 살고 싶은 마음, 그것이 희망 아니겠는가.

"학교는 좋은 학생만 길러내는 곳이 아니라 좋은 교사도 길러낼 수 있는 곳이어야 한다."

채현국 선생이 남긴 말을 곱씹는 밤이다.

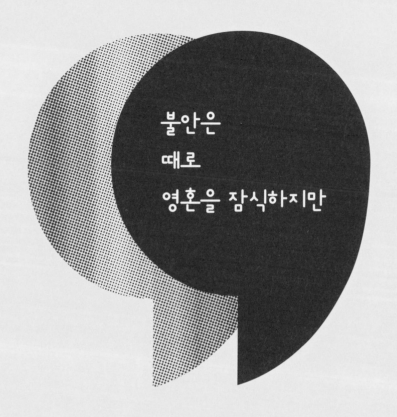

불안은
때로
영혼을 잠식하지만

아이들이 모여 왁자하게 떠드는 소리가 들렸다.

제 부모가 나온 대학을

서로 견주듯 자랑하고 있었다.

그때 한 남자아이가 말했다.

"우리 엄마는 대학 안 나왔어도 우리를 잘 키웠어!"

나는 걸음을 멈추고 돌아보았다.

20년도 더 된 이야기다.

그 아이는 지금 어디에서 무엇을 하며 살고 있을까.

제 길을 갈 것,
누가 뭐라 하든지!

1학년의 한 아이는 학교에서 오랫동안 얼굴을 볼 수 없었다. 또 다른 학년의 몇 아이도 등교를 했다가 확진자 수가 늘면서 가정학습으로 대체했다.

고등학교 3학년부터 차례로 등교수업을 하기로 결정했지만, 일부 학생과 학부모들은 등교여부를 선택할 수 있게 해 달라고 했다. 교육부는 열일곱 개의 시·도 교육청과 협의해서 마련한 초중고교의 출결·평가·기록 가이드라인으로 답했다. 코로나19 감염병 위기경보 단계가 심각 또는 경계 단계를 유지하는 경우, 교외체험학습을 신청·승인할 수 있는 사유에 가정학습을 포함하는 방향으로 관련 지침을 개정한다고 했다. 학교에서 코로나19 유증상자나 확진자가 발생해 등교수업이 중단되는 경우도 출석을 인정하기로 했다. 그리고 기저질환이나 장애가 있는 고위험군 학생도 위기경보 단계가 심각 또는 경계 상황에서 의사 소견서나 학부모 확인서 같은 증빙서류를 제출하면 이 또한 출석으로 허용하기로 했다. 학교장 재량이었다. 중간고사와 기말고사 같은 정기고사 횟수와 수행평가 반영비율도 각 교육청 지침에 따라 학교장에게 결정권이 넘겨졌다.

등교가 또다시 불안정해지자, 학부모들은 불안했다. 코로나19 감염 때문만은 아니었다. 팬데믹 시국에서 학부모 열 명 중 일곱 명이 자녀의 학습공백을 불안해했다. 특히 미취학 자녀를 둔 부모들은 흐트러진 아이의 생활리듬과 양육시간 증가로 인한 부담감, 공교육 공백을 대체할 학습방법에 대한 고민 등을 토로했다. 맞벌이 가정도 마찬가지다. 자녀의 학업과 성적 관리 때문에 걱정하고, 학교수업 정상화를 예측하기 어려워서 불안했다.

하지만 팬데믹 세국에도 수능은 다가왔다. 시험 2주를

앞두고 코로나19 확진자가 하루 300명대로 급증하면서 수험생과 학부모의 불안감은 더 높아졌다. 실제로 일부 수험생들은 집에서 공부하기 위해 교외체험학습과 가정학습을 신청했다. 수능 일주일 전, 학교와 학원이 문을 닫자 자녀를 독서실에 보내면 확진이 될까 봐 불안하고, 안 보내면 그것대로 또 불안한 날이 이어졌다. 시험시간에 맞춰 놓은 몸의 균형이 깨질까 봐 불안했고, 컨디션 조절이 어려워질까 봐 걱정했다.

코로나19로 인해 감염에 대한 불안이 새로이 등장했지만, 그간이라고 부모들의 불안이 없었을까? 자주 바뀌는 교육정책 때문에 불안했고, 자녀가 새 정책의 첫 대상으로 피해를 볼까 봐 걱정했다. 또 잦은 방향 변화로 자녀에게 일관된 학업지도를 할 수 없어서 불안했다.

불안은 불확실할 때 일어난다. 대처할 수 없는 상황에서는 실체를 알 수 없으니까. 알면 덜 불안할 수 있으니 알고자 하지만, 다 알 수 없다. 혹은 너무 알아서도 문제다. 옆집 아이가 다니는 학원, 앞집 아이가 하는 과외, 뒷

집 아이가 하는 학습지들이 우리 집 담을 넘어와 보이고 들린다.

어느 부모가 비껴갈까, 아이들의 미래를 생각하자니 불안한 그 마음을. 하지만 불안은 공포와 다르다. 공포는 우리가 도망가면 피할 수 있지만, 불안은 그렇지 않다. 불안의 원인을 알아야 떠나거나 떠나보낼 수 있다. 교육에서 느끼는 불안을 해결하는 방법으로 부모들이 고른 대표적인 전략은 투자였다. 양이 많을수록, 시기가 빠를수록 좋았다. 그리고 그것은 시간이 흐를수록 강화되었다. 가진 자는 잃지 않기 위해, 못 가진 자는 갖기 위해! 별다른 방법을 찾을 수 없으니, 부모들은 투자를 멈추지 못한다.

'지금 내 삶이야 어쩔 수 없지만, 내 아이에게는 이 불안을 넘겨주고 싶지 않다. 일단 대학은 가자. 좋은 대학을 졸업해도 취업은 불투명하지만, 대학부터 가고 보는 거다.'

하지만 그렇게 한다고 해서 불안이 덜어질까? 언제나 다음 불안이 준비되어 있는 건 불안의 속성이다. 이어지는 불안 역시 대응방법이 없다. 때로는 의심하고 옳지 않다고 생각해도 다수의 힘을 믿고 일단 가고 본다. 아주 가끔 다른 길을 가고, 제 길을 찾은 이의 소식을 듣지만 풍문이라고 외면한다. 아니면 아이가 천재이거나 부모의 재력 때문에 가능했을 거라고. 이 대열에 잘 합류하는 방법은 왜 달려야 하는지 묻지 않는 것이다. 의심하지 않는 것이다. 아이들도 못할 짓이고 부모도 마찬가지다.

이따금 계산이 능한 부모가 없는 건 아니다. 냉정하거나 아니면 지혜롭거나 혹은 이건 아무리 해도 안 되는 일이라고 일찌감치 선을 긋는다. 실제 승리자는 몇 안 되는 대열이라고. 그런데 현실을 인식하고 혹은 그 대열에서 합류하지 않는 걸로 자신의 삶의 방향을 정했지만, 자기는 그렇게 살 수 있다고 해도 자식은 마음대로 안 된다. 부모란 자리가 그렇지 않은가. 아이가 그 길로 가고 싶어 하면 별 수 없다.

"그래, 네 뜻대로 해라."

그 범위와 환경은 어차피 제한적이지만, 아이가 하려고 하면 우리는 계속 사교육비를 위해 퇴근하고 또 다른 직장에 출근하는 것을 마다하지 않는다.

아무리 우리가 아닌 척해도 불안은 우리를 차츰차츰

먹어 들어가고, 급기야 아이들에게 불안을 넘겨주기 시작
한다. 불안에 떠는 어른 옆에서 아이들은 눈치만 보면서
쪼그라든다. 어른들이 계산한 투자의 결론은 그게 아니었
는데 말이다.

내가 주례를 섰던 한 부부는 아이 셋을 데리고 철마다
물꼬를 다녀간다. 지난 계절에도 온 가족이 산골에 와서
며칠을 같이 보냈다.
"내가 지금 잘하고 있는 걸까, 하는 불안이 있어요. 혹
시 내가 놓쳐서 아이들에게 기회를 주지 못하는 건 아닐
까 하는…."
아이들의 엄마가 말했다. 뜻밖이었다. 부부는 둘 다 대
한민국에서 으뜸으로 치는 대학을 졸업하고 그곳에서
석·박사 과정도 밟았다. 그리고 집을 넓히는 것보다 아이
들의 교육이 더 중요하다고 여겨 온 가족이 미국까지 가
서 수행 프로그램에 참석도 하는 그들이다.
하지만 물꼬에서 지내는 동안 나는 이 가족을 보면서
퍽 흐뭇했다. 그들은 물꼬에 올 때 밥상 차리는 일을 줄여

준다고 반찬을 한 가지씩 해 왔는데, 엄마도 아빠도 하나씩 준비해 왔다. 밥상에서 막내가 생선을 남기면 그걸 싹싹 발려 먹는 아빠였다. 운동장으로 나가 이 끝에서 저 끝까지 온 가족이 여러 차례 달리기도 했다. 물론 별스러운 풍경은 아니었다. 다만 그들 사이에 흘렀던 온기와 정서적인 안정에 대해 말하고 싶은 것이다. 그러면 되었다 싶었다. 나도 아이 키우며, 아이들을 가르치며 자주 잇는 것들이었다. 돌아가는 그에게 말했다.

"난 그대 가정을 보면서 '충분하구나!' 하는 생각이 드네. 아이들에게 가장 중요한 건 건강하고 평화로운 정서가 아닌가 싶어."

멀리 삼척에서 물꼬의 계자(계절자유학교)에 온 6학년 남녀쌍둥이가 있었다. 20년도 더 된 이야기다. 그 아이들을 유독 기억하는 것은 강원도에서 이 산골마을까지 오는 걸음이 드물기 때문만은 아니었다.

계자에 온 아이들이 모여 왁자하게 떠드는 소리가 들렸다. 제 부모가 나온 대학을 서로 견주듯 자랑하고 있었다.

그때만 해도 계자 아이들 대다수가 서울의 중산층 가정에서 왔고, 대체로 부모의 학력이 높은 편이었다. 아이들의 말에 등장하는 대학도 몇 개로 압축되었다. 그때 한 남자아이가 말했다.

"우리 엄마는 대학 안 나왔어도 이렇게 우리를 잘 키웠어!"

나는 걸음을 멈추고 돌아보았다. 저 아이는 어떻게 저런 말을 할 수 있을까. 모든 분위기가 한쪽으로 치우치고 있을 때 그것을 뒤집는 발언이 쉽지 않을 터인데.

아이가 당당하게 제 목소리를 낼 수 있게 한 것은 그의 엄마였으리라고 짐작한다(혹은 그의 담임교사일 수도 있고). 아이에게 가장 눈부셨던 점은 그가 가진 정서적 안정감이었다. 그것은 아이들을 건강하게 한다(당연한 말을 당연하게 하는 것은 요즘에는 그것이 당연하지 않기 때문이다). 그의 말대로 그의 엄마가 잘 키웠다는 데 동의한다. 고마웠다.

불안, 그것은 구조적인 문제로 바라보고 그 원인을 직

면해서 푸는 것 말고도 자신의 내면을 마주하고 풀어야 해결할 수 있다. 자신에 대해 긍정하기, 딴 사람 되려고 하지 말기, 자기 존중을 위한 상황 만들기, 당당하기, …. 우리는 자기가 아닌 것을 끌어당길 때 불안해지는 것이다. 부모가 되고, 교사가 되려면 먼저 어른이 되어야 한다. 그리고 건강한 어른이 되려면 자신을 보아야 한다. 성찰이 비로소 불안의 맨 얼굴을 보게 하므로 봐야 어찌 할 수 있다. 실체 없는 걸 좇을 수는 없으니까.

나를 둘러싼 환경을 통찰하지 않는 한, 또 자신을 직면하지 않는 한 불안은 계속 따라온다. 그러니 휘둘리지 말고 열등감 없이 살아가기로. 그렇게 오직 제 길을 갈 것, 누가 뭐라 하든지!

상황이 어떠하든
우리는 계속 나아간다

우리가 아이들에게 정녕 원하는 게 무엇인가, 어떻게 살기를 바라는가?

내가 물꼬에서 아이들의 배움에 동행하거나 우리 집 아이를 9학년까지 학교에 보내지 않고 산골에서 지내게 한 것은 무슨 대단한 교육이론이 있어서가 아니었다. 내가 단단한 사람이었기에 그럴 수 있었던 것도 아니다. 내 방법은 입장을 서둘러 정하는 거였다. 늦으면 늦을수록 흔들리고, 흔들리면 힘드니까. 가르치지 말고 덜 가르치기, 내 삶을 내가 먼저 잘 살기, 사람이 사는 데 많은 게 필요하지 않다고 생각하는 대로 실제 살기, 일찌감치 되지도 않는 경쟁대열에 같이 서지 말고 제가 중요하다 싶은 것을 좇아가기 등, 나는 그리 생각했고 그렇게 살아왔다.

나는 부자를 꿈꾸지는 않았으나 그렇다고 자발적 가난을 택했다고 말하기에는 억지가 좀 있다. 사실 경제적 풍요가 그리 중요하지 않다는 정도였다. 산골에 사니 생활유지 비용이 덜 들었다. 강의가 없으면 대체로 산마을을 나가지 않았다. 그래도 가끔은 좋은 집과 좋은 물건이 좋고 편하게 살고 싶기도 했지만, 그런 건 오래 가지 않는다는 걸 잘 알고 있었다. 잃을 게 없으니 그리 걱정할 건 없다. 하지만 내 삶에도 분명 불안은 있다. 예를 들면 나는 선천적으로 이가 약하게 태어나서 치과치료를 위해 돈을 좀 모아야 하지 않나 하고 걱정할 때가 있다.

무엇을 해도 우리는 불안하다. 내일을 모르니까, 그 불확실함이 불안을 만든다. 애매해서 불안하고, 언제 바뀔지 몰라서 불안하고, 종잡을 수 없으니 불안하고, 갈피를 몰라서 불안하다. 불안을 비껴갈 방법은 없다. 문제는 그것에서 빠져나오는 것이다.

불안의 원인이 무엇인지 잘 살펴서 그걸 제거하면 된다. 하지만 원인이 없는데도 불안하면? 근거 없는 불안함이 급습하면 '불안, 그거 가짜일 때가 많음. 더구나 원인이 없으면 더욱 가짜임!' 하고 스스로에게 말해 주는 것도 해결방안 중 하나다. 하지만 뒤따르는 불안을 도대체 어떻게 다 없애며 나아갈까? 사람 안에는 우리를 건강하게 유지해 주는 무의식적인 균형추가 있다고 했다. 그것에도 기대 보는 거다.

자본주의는 사람들의 불안을 먹고 자라고, 그 그늘에 있는 교육도 마찬가지다. 불안은 언제나 옳고 그르다는 판단보다 힘이 세다. 물꼬는 명상센터도 같이 꾸리고 있다. 거기 온 사람들이 내게 끊이지 않고 하는 질문 하나가 불안할 때 당신은 무엇을 하느냐는 것이다.

나라고 뾰족한 수가 있는 건 아니다. 불안의 원인을 내가 감당할 수 있다면 그 원인부터 찾아 해결한다. 하지만 많은 일은 그렇지가 못하다. 그러면 나는 (너무 단순해서 웃을지 모르겠는데) 씻는다. 그리고 청소를 한다(혹은 그 반대 순서로도). 그 다음은 어깨를 편다. 물꼬에서 아침마다 하는 수행 중에 아이들에게 하는 말을 나한테도 해준다.

"누가 내게 뭐라고 그러는 거야! 내게 밥 한술도 되지 못하는 사람들이 내게 뭐라고 할 게 뭐람. 어깨 펴셔요! 가슴 펴! 좋은 자세가 자신감을 만듭니다. 바른 자세가 당당함도 만들어 줍니다!"

다음은 수행을 한다(이것 역시 씻는 것과 청소와 차례가 바뀌기도 한다). 몸을 풀고 명상을 한다. 온갖 것이 마음으로 찾아든다. 그런데 거부하지 않고, 저항하지 않는다. 왜냐하면 그걸 다 저항하다가는 기력만 소진하니까. 어떤 것에서 빠져나오려면 그 길 중 하나는 힘을 빼는 것이다. 인정하는 것, 자신과 싸우지 않는 것, 즉 있는 그대로 받아들이는 것! 이리 흔들, 저리 흔들 그냥 그러는 거다. 이 런저런 감정이 일어나지만, 나야말로 진정한 내 편일 수 있다는 걸 깨닫는다. 모두가 날 버려도 내가 나를 버리지 않으면 된다. 적어도 내 일은 내가 결정하면서 의미 있게 나아가고 그렇게 살아가면 된다. 그러면 또 살아갈 수 있다. 그리고 나를 안아 준다, '고맙다'고 말해 주면서.

자신이 할 수 있는 일이 늘어나면 그때도 불안이 좀 가신다. 나는 산골의 낡고 너른 살림을 살아 내느라 힘겨운 나날이 많았다. 아무리 겨울나기 준비를 해도, 여름을 대비해도 한계가 있었다. 보일러가 터질까 봐, 벽이 허물어질까 봐, 수돗물이 안 나올까 봐, 어디서 무슨 일이 또 터질지(이건 '일어난다'고 말할 수가 없다) 늘 긴장되는 삶이었다. 문제를 고치기 위해 사람을 부르려면 깊은 산골이라 쉽지 않았고, 겨울에는 더 어려웠다. 결국 생각해 낸 것이 "그래, 내가 하고 말지!"였다(이 말은 내 인생에서 내가 가장 많이 하는 말이기도 하다). 목공을 직접 하면서 자신감이 생겼다. 실질적으로 쓸 수 있는 기술, 불안을 해결할 수 있는 지점, 극복할 수 있는 지점을 만드는 것도 아주 현실적으로 불안을 제거하게 되더라는 말이다.

교육도 마찬가지다. 아이들의 교육에 '자립'을 위한 활동이 꼭 들어갔으면 좋겠다. 밥 먹고 청소하고 빨래하는,

일상생활의 일들을 해결할 수 있는 힘! 그것이 자신감이 될 수 있다.

시절이 그렇다. 설거지도 가르쳐야 하고, 청소도 가르쳐야 한다. 아이가 설거지나 청소 같은 집안일을 할 기회가 갈수록 줄어드니까. 과거에는 아이들도 집안일을 맡아서 하고 부모와 같이 생활하는 시간이 많았지만, 공부가 절대과업이 되면서 일상에 필요한 일들은 온통 어른들이 도맡게 되었다.

하지만 공용 공간도 있잖은가. 다른 사람과 같이 살아야 할 때도 있다. 그렇게 자신이 해야 하는 상황이 되면 아이들은 엉거주춤한다. 해 보지 않았으니 못하고, 모르니까 하지 않는다. 아이들이 할 줄 모르는 일상의 많은 일이 다른 곳, 다른 일들에도 영향을 미치기 마련이다.

"너는 공부만 하면 돼", 그럴 때의 공부는 대개 읽고 외우는 공부다. 그것만 하는 공부라면 그걸 어찌 배움이라고 할 수 있을까. 제 몸 가누는 일에 자신이 할 수 있는 일이 없고, 나아가 무거운 걸 들고 가는 친구에게 손 하나 빌려줄 수 없는 마음이 어찌 공부하는 마음인가 말이다.

배움에는 '사람 노릇'이라는 전제가 있다고 생각한다. 선험적으로 아는 것도 있지만, 그렇지 않은 것들은 교육이 필요하다. 그런데 교육이 공식화되고 제도화되면서 사람 노릇이란 걸 놓치지 않았나 싶다. 왜냐하면 그런 건 지금까지 '기본'이었고, 기본은 이미 알고 있다는 걸 조건으로 하기 때문이다. 하지만 요즘 우리 아이들에게 먹고 입고 자는 데 필요한 문제를 해결하는 힘이 그러한가? 아니다. 청년들도 그렇지 못한 경우가 허다하다. 적어도 지금 이 시대는 그것이 기본이지 않은 듯하다.

밥 안 먹고 사는 사람이 어디 있을까. 차려 줄 사람이 없어서 못 먹는 밥이 되면 안 된다. 일상생활을 제 손으로 영위하는 일, 자기를 건사하는 것도 우리 아이들이 꼭 해야 할 공부다. 그게 학교 안에서 이루어지든, 가정에서 강화되든.

교육에 대한 무수한 정의 중 누구도 이의를 달지 않는 것은, 우리는 '사람됨을 위해 배운다'는 것이다. 그 사람됨을 이끄는 이가 바로 우리 어른들이다. 먼저 성장을 지나온 존재는 앞으로 성장할 이들을 돕고 지켜야 할 책무가 있다. 우리를 기대고 세상에 와 있는 아이들을, 우리는 '부모됨'과 '교사됨'으로 지켜내야 한다. 그리고 '–됨'에는 부모와 교사로서의 자격요건이 들어 있다. 부모됨과 교사됨에는 그들에게 얻는 즐거움과 기쁨이 들어 있고, 동시에 부모와 교사로서의 역할과 책임이 들어 있다는 말이다.

사람으로서 지닌 품성이나 인격을 '됨됨'이라고 한다. '됨'에 방점이 찍힌다. 특히 그것이 사랑을 전제로 한다는 의미에서 부모나 교사나 동일한 '됨'으로 본다. 사람이 행복을 느끼는 것 중 하나가 관계이고, 좋은 관계 안에서 아이들은 안정감을 느낀다. 사람 관계에서 사랑 말고 무엇이 남겠는가. 우리가 돈 없고 실력 없고 세상에 끌려다녀도 아이들에게 사랑만은 줄 수 있다. 이미 지식정보에서도 인터넷에 지는 우리인데, 마지막 구축물이 그것 말고 무엇일 수 있을까. 그런데 아이들을 위한다고 선택한 게 사람됨에 대한 지지가 아니라, 성공에 대한 투자였다니. 교육은 남보다 성공하려고 하는 게 아니다. 그 정의가 전복되고 왜곡되었을 뿐이다. 원론적인 이야기라고? 아니, 아이들에게

는 자신이 받아들여지는지 그렇지 않은지는 언제나 존재
론적 문제였다. 아이들은 타인을 탐색하고 자신이 사랑받
는다고 느낄 때 안정감을 갖는다. 그럴 때 비로소 아이들
은 공부고 뭐고 해 나갈 수 있는 것이다.

어른들이 불안을 키우고, 심지어 그 불안이 아이들에
게 전가되는 동안에도 아이들은 계속 자란다. 바르고 튼
실하게 자라는 나무 대신 휘고 비틀려 자라는 나무가 될
지라도.

물꼬에서는 아이들과 불안을 건너가기 위한 길 가운데
하나로 '명상'을 한다. 아침에 일어나 몸을 푼 뒤 앉아서
호흡명상을 하자면 온갖 것들이 머리 안으로 들어온다.
잡생각을 하지 않아야 한다는 강박보다 흘러드는 생각을
그대로 흐르게 한다. 그걸 알아차리면 코끝에 의식을 두
고 호흡한다. 아이들에게는 무언가 하는 시간도 중요하지
만, 하지 않는 시간도 필요하다. 명상은 그런 시간이다. 또
뭔가에 집중하면 그게 또한 명상이다. 걸으면서도, 일하면
서도, 예술활동을 하면서도 명상을 한다.

평화가 깃든 마음은 자기 자신만 구하는 게 아니다. 제게 찾아온 고요로 하루를 살아갈 다른 존재를 살피고 격려할 수 있다. 내가 아무리 기쁜 마음이어도 곁에서 징징거리거나 슬퍼하면 어찌 행복할 수 있을까. 그래서 물꼬에서는 이런 인사말로 하루를 연다.

"좋은 하루되시기 바랍니다. 사랑합니다!"

삶에는 늘 행(幸)과 함께 불행도 동행한다. 흔히 장년층들은 이십 대의 혼돈 속으로 다시 돌아가고 싶지 않다고 말한다. 하지만 청년들이 느끼는 불안은 그들이 살아 있다는 증거이고, 자신들의 세계에 뜨겁게 몰입하게 만드는 이유가 되기도 한다. 새로운 것을 시도하지 않는다면 불안도 없다. 인류는 언제나 그 불안을 딛고 새로운 세계로 나아왔다. 인간의 불안은 때로 영혼을 잠식하지만, 그 상처들로부터 구원의 길로 나서는 게 인간이다.

내가 산골에 사는 수행자라고 해서 불안에서 나오는 특별한 길을 아는 건 아니다. 무엇에나 그저 내 속도를 찾고, 내 생각대로 살고, 그렇게 나아갈 뿐이다. 상황이 어떠하든 우리는 절대적으로 존재한다!

학교다움에
대하여

제도학교에서 보낸 한 학기의
마지막 일과를 끝냈다.
코로나19 아래, 아름다운 한철이었다.
학교를 나서며 동료이자,
동지들께 짧은 인사를 남겼다.
'안녕, 샘골초등학교에서 보낸 한철!
모두 다 부디 강건하시기를.
고맙습니다, 고맙습니다, 고맙습니다.
사랑합니다, 사랑합니다, 사랑합니다.'

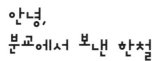

안녕,
분교에서 보낸 한철

동료이자, 동지들께

작은 학교에서의 아름다운 한철이었습니다.

코로나19가 인류 초유의 사태라고 하지만,

사실 인류는 언제나 내일 앞에

처음을 겪어 오지 않았던가요.

내일 앞에 우리는 언제나 처음이었습니다.

어째도 삶은 계속 되었고,

여전히 우리는 밥 먹고 학교 오고 아이들을 만납니다.

특별한 시기였지만 한편으로는

그저 아이들과 보낸 학기 중 하나였던.

코로나19의 시절이 특별했던 게 아니라

샘골초에서 보낸 날들이 특별했단 말씀 :)

코로나19가 어떻고 신이 어째도

우리는 오직 우리의 하루를 모실 뿐.

분교의 주무관님과 풀을 매고 꽃밭을 돌보고

텃밭에서 거둔 것들을 나눈 일,

일주일에 세 차례, 4차시(두 시간)씩 하던 방문수업,

아침마다 하루 수업을 시작하기 전에

1학년 아이들과 한 시간씩 뛰어놀던 시간,

주마다 달날(月)과 쇠날(金) 2교시

특수학급 식구들 모두가 숲에 들어가 열었던 숲 교실

(아, 정말 보물의 공간이에요. 숲을 가진 학교!),

1학년들과 주마다 한 차례 예능실에 쫓아가 치던 풍물,

도서관을 교실로 쓰며 책 사이를 누비던 시간,

뭐니 뭐니 해도 최고는

진새, 태음이, 은별이, 한동이랑 하던

국어·수학 수업(아, 가끔 성말이도)!

빛나는 날들을 허락해 주신 샘골초와

곁에 있었던 동료이자, 동지들께 무한 감사!

아이들과 하는 공부도 신명났지만

어른들과 보낸 시간도 못지않았습니다.

같이 꽃밭의 풀을 뽑고

특수학급에 차린 찻상 앞에 모여 울고 웃었던 시간들,

제가 샘골초의 어른들한테 밥을 낸 일도 있었군요.

밥이 하늘인 줄 압니다.

제가 물꼬에서 가장 많이 하는 일이

밥을 하고 청소를 하고 풀을 매는 일.

같이 수행하는 인연도 깊지만, 밥상에 같이 앉는 건

또 얼마나 진한 연줄인지.

아, 그래요. 샘들과 하던 배구도 말하지 않을 수 없군요.

배구 팀 구성할 때 선수가 모자라면

제게도 연락을 주십사. ㅎㅎ

모자라지 않으면 억지로 깍두기라도 :)

분교에서의 특강시간,

학부모들과 나눈 이야기도 깊었지만 끝나고 나서

교장 샘과 분교 샘들 모두 모여 퇴근시간도 잊게 만든

찻자리 또한 잊을 수가 없습니다.

제도학교를 마감하며 한 생각들 가운데 두어 가지는

같이 나눠도 좋을 듯합니다.

외람스러울지도 모르지만.

사람들이 자주 묻더군요,

코로나19 사태 앞에 공교육을 어찌 생각하느냐고.

적어도 초등교육에서만큼은

공교육이 강화되어야 하지 않을까요.

여러 모로 같은 생각을 하시는 분들이 많을 듯해서

덧붙이는 말은 생략합니다.

또 하나.

학사일정에서 아름다운 '겉'도 좋지만,

아이들이 '내실'이 있기를 바랍니다.

그래서 보다 학습에 공이 들여지면 좋겠다는 생각입니다.

아이 한 명 한 명의 학습권에 더욱 관심이 기울여졌으면….

이제 끝인사.

때로 내 선의가 상대방에게는 얼마든지

악의가 될 수 있음을 본 적이 있습니다.

혹 저는 좋은 의도였으나

그것이 상처가 되기라도 했다면…, 그저 죄송합니다.

나이를 먹어도 사는 일에는 자주 어리석고,

산골에 너무 오래 들어와 살아 세상살이 더욱 서툰.

아무쪼록 혜량하여 주시기를!

서툰 제 몫을 안아 준 덕에 무사히 한철을 보냈습니다.

특별히 본교의 특수학급 샘께 감사를!

저를 불러 주신 교장 샘과 교감 샘,

샘골초의 모든 샘들께도.

존재는 흐르지요.

시간도 흐르고.

어디서든 교차할 테고.

그간 만난 것만도 엄청난 가연(佳緣).

어제 보고 오늘 또 만난 듯 보아요, 어디선가.

부디 강건하시기를.

고맙습니다, 고맙습니다, 고맙습니다.

사랑합니다, 사랑합니다, 사랑합니다.

안녕, 샘골초의 선생님들.

우리 아이들도 모두 다 안녕.

샘골초를 떠나 자유학교 물꼬로 돌아가는
옥영경 절

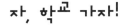

자, 학교 가자!

고등학교 때, 어느 날 교무실에 들어선 내게 그 학기 성적을 물었던 교감 선생님을 기억한다. 담임 선생님은, 교감 선생님이 한 학생의 성적을 낱낱이 기억하고 관심 갖는 걸 감사하게 생각해야 한다면서 더 열심히 공부하라고 했다. 과연 그럴까? 아니다. 그곳에서 어른들의 관심은 내가 아니었다. 내 성적이었다.

나는 학교에서 무엇을 배운 것일까? 시를 읽었지만 시를 통한 감동은 학교를 나온 뒤에 알았다. 자주 삶의 길을 잃었지만 그것을 찾는 법을 몰랐다. 그건 고사하고 당장 삶 속에서 필요한 걸 할 줄도 몰랐다. 도대체 학교는 긴 시간 동안 내게 무엇을 가르친 걸까? 자기검열을 배우기는 했다. 덕분에 나는 많은 소시민 가운데 하나가 되었다.

자유학교 물꼬에서는 학기를 시작하고 끝낼 때와 계절학교의 마지막 전날에 산오름을 중요한 일정으로 삼는다. 산오름에서 어쩌다 만나는 어른들은 앞장선 일곱 살 아이들한테 감탄에, 감탄을 했다. 아이들은 순간순간 생기가 넘치고 반짝였다. 그들의 말과 행동은 어디서도 들어본 적 없는 창의성으로 번뜩였고 기발했다. 무엇보다 얼마나 귀엽고 예쁜지. 아이들은 보옥이었다. 빛이었다.

그 빛나는 아이들이 학교를 가면 변했다. 수년에 걸쳐 그것을 봐 온 나는 곧잘 우스갯소리를 했다. "학교만 가면 애들을 버려 놓는다니까." 도대체 학교는 어떤 곳이기에 그러한가. 활기 넘치고 발랄하고 재치 넘치는 아이들은 왜 그걸 잃는 걸까. 학교의 무엇이 그리 만드는 걸까.

'귤이 회수를 건너면 탱자가 된다(남귤북지 南橘北枳)'라고 했나.

대표적으로 자기주도학습이 그랬다. 자기주도, 아름다운 말이다. 자신의 관심과 흥미로, 교사가 혹은 부모가 하라고 하는 게 아니라, 제 한껏 하는 공부라! 잘하던 것도 누가 하라고 하면 싫어지는 법인데, 자신이 좋아서 궁금해서 찾아가는 공부가 얼마나 신날까. 하나씩 배우면서 그 가슴 벅참은 또 얼마나 클까. 그것이 다음 과정을 밀어 줄 것이다.

아, 그런데 '자기주도' 앞에 괄호가 있는 줄을 몰랐다. 괄호에는 바로 '무엇을'이 있었다. 그 '무엇을'에 국가가 정해 준 교육과정, 학교학습을 기초로 놓고 있었던 것이다. 그때의 '자기주도'는 교사가 하는 일방적 수업을 들으면서 반항하지 않고 오직 앞을 향해 나아가는 스스로였다. 그 학습을 위해 자신을 채찍질하고 인내하는 스스로였던 것이다. 결국 좋은 성적을 거두는 학생이 지니는 학습태도와 행동이 자기주도학습이었다. 사실 학교란 곳에서 자기주도학습을 해 본 적 없는 우리들이었다. 자기주도학습은 그렇게 일그러졌다. 어떤 것이 학교에만 들어가면 이상하게 왜곡되었다.

학교는 많은 것을 빠르게 가르쳐 주었지만 어떤 삶을 살아야 하는지 가르치는 데는 인색했다. 도덕이나 윤리가 없었던 게 아니지만, 그건 100점을 몰아주는 과목에 불과했다. 무엇보다 삶을 기쁘게 만드는 경험에서는 구두쇠였다.

그렇다고 학교가 관계를 잘 가르쳐 주지도 않았나. 서로가 굳이 협력하지 않아도 되었다. 의사소통도 필요 없었다. 대체로 들으면 되었고, 사이가 좋을 필요도 없었다. 성적만 좋으면 되었다. 빈 칸 채우고 답지 선택만 잘하면 되었다. 과정은 상관없었다. 좋은 결론만 있으면 되는. 내가 어린 날 다닌 학교는 정말이지 이상한 나라였다.

그러나 나는, 또한 그곳으로부터 배웠다. 결국 지금 자긍심을 잃지 않은 이 삶도 그 배움을 근간으로 쌓아 왔다. 그런 공교육이라도 없었으면 가난한 내가 여기까지 오기 쉽지 않았을 것이다. 비판정신도 배우지 못했을 것이고, 생각대로 살지 못하고 살아가는 대로 생각하고 있었을 것이다. 그런 공교육이라도 그 덕에 나는 그나마 사람 노릇을 하고 산다.

학교에서 구체적으로 무엇을 배우기는 하지만 그것은 무엇을 위한 학습만이 아니라 그 자체가 지닌 의미가 있다. 무언가를 가까이서 자세히 들여다보고 살피고 집중하고 파고들고 시도하는 그런 새로운 기회와 흥미를 가지는 경험, 해야 한다가 아니라 할 수 있다는 경험, 그러니까 순수하게 방향과 목적지를 탐색하는 자기능력에 대한 경험 말이다.

아이들은 학교에서 보내는, 가정과 사회의 의무에서 자유로운 시간 동안 온전한 개인이자 시민으로 성장한다. 이때의 자유로운 시간은 세계에 집중하는 시간이자, 지금 이 순간에 몰두하여 만나서 배우고 발견하는 시간이다. 세계를 삶 속으로 데려와 그들이 주의에 집중하는 시간이다. 아이들은 그 세계 안에서 시작하고, 시작할 수 있다는 것도 깨닫는다. 학교에서 보내는 시간은 공공재로서 특정한 한 아이에게만 주어지는 게 아니라, 예컨대 부유한 아이든 가난한 아이든 모두의 경험이 된다. 아이들은 그 안에서 자신이 하는 행위 자체의 의미와 가치를 발견한다.(출처:얀 마스켈라인·마틴 시몬스, 《스콜라스틱 교육 : 학교를 변론하다》, 살림터, 2020)

우리는 결코 미래를 가져올 수 없다. 예견할 수도 없고 그때 쓰일 기술을 다 배울 수도 없다. 교육은 변하는 세상을 헤쳐 갈 방법을 제안할 수 있을 뿐이다. 지금까지의 삶으로 모자랐던 무엇인가를 채워 가고, 그것이 우리를 흔들어 좀 전의 나와 다른 내가 되고, 배움이 쓸모 있는 위치에 놓이며 삶이 변해 간다. 또한 다른 존재들과 교류를 통해 그 배움이 쓸모와 의미를 얻으며 삶에 자리를 잡아 간다. 좋은 시민이 되기 위한 교양은 그렇게 쌓인다. 그리하여 앎이 삶이 되고, 삶이 앎이 되며, 나 아닌 사람들에게 영향을 끼친다.

브루나이는 말레이시아 옆에 위치한 인구 35만 명이 채 안 되는 작은 나라다. 석유와 천연가스가 풍부해서 면적은 우리나라 경기도의 절반 정도지만 1인당 GDP는 훨씬 높다. 부자 국왕이 국민들에게 600억 원 규모의 세뱃

돈을 주는가 하면, 한 가정마다 평균 네 대의 차를 지원하고 한화로 1천 원도 안 되는 의료비로 모든 치료비가 공짜인 나라. 브루나이를 다녀올 때 한 관료가 농을 했다, 그 나라 사람들은 공부를 안 한다고. 우리같이 자원이 없는 나라에서는 공부하는 것밖에 길이 없는 국가관으로 보면 가능한 예견이다. 그러나 공부하는 이가 있을 것이다. 배움의 즐거움이 있기 때문에, 강박 없이 공부할 수 있으니 더욱 많은 이가 그럴지도 모른다.

교육은 사회적 불평등을 해소했고, 또 한편으로는 강화했다. 똑같이 평등한 교육 사다리지만, 그것을 오르는 시합은 결코 공정하지 않다. 잘 먹고 잘 자라 체력이 왕성하고 먼저 출발한 부유층 아이들에게 유리하다. 공정하다고 하는 시험의 민낯이다. 현재도 이루어지고 있지만 아직은 부족한, 취약계층 아이들이 출발선에 공정하게 설 수 있도록 국가가 해결해 주는 것, 거기에 공교육이 있다. 이것을 말하게 한 것도 공교육의 힘이고, 이것을 주장하게 한 것도 공교육을 통해 배워 알게 된 것이다.

공교육은 더욱 공고해져야 한다! 여전히 학교는 구원처다. 여전히 교육이 희망이다. 사람은 변화를 통해 사람답게 살아가고, 그 구성원들이 평등하고 자유롭게 소통하고 역할을 해내는 것이 바로 민주주의다. 우리는 교육을 통해 새로운 것을 학습하고 받아들이면서 자신을 변화시키고, 자유로운 존재로 세상을 변화시킬 힘을 갖는다. 그 힘으로 좋은 세상에 복무하는 것, 그것이 바로 '배운' 사람이다.

교육을 통한 변화 가능성이 갈수록 적어지지만, 그나마 남은 변화 가능성 역시 바로 교육에, 학교에 있다. 현재의 근대 교육체제나 교과과정, 대입과정이 보다 나은 방향이면 고마울 일이지만 배움이 있고, 교사의 사랑이 있고, 친구들이 있고, 영양 잡힌 밥 한 끼가 있고, 안전한 울타리가 있는 것만도 학교가 있어야 하는 충분한 이유다. 그래서 지금은 학교에 더욱 힘을 실어 주어야 할 때다!

내 삶에서 교육은 절대적 주제였다. 유치원을 건너뛰었지만 초등부터 학교를 다녔고, 스무 살 이후에도 떠나지 않았던 교육현장(주로 비제도권이기는 했지만)이었다. 아이가 태어났고, 학교 밖에서도 키웠고 학교에 보내기도 했다. '자유학교 물꼬'라는, 대안학교의 범주로 불리는 학교를 30여 년 꾸려 왔고, 간간이 제도학교와 접점도 있었다. 지난 2020학년도 1학기, 공교육 안으로 들어가 특수학급 담임을 맡은 경우는 다른 때에 견주면 제법 긴 일정이었다.

물꼬는 제도학교의 획일성에 반대하며 새로운 공동체를 중심으로 이 시대와 다른 교육을 열자는 모임으로부터 출발했다. 1989년 12월, 빈민지역에서 한 공부방을 모태로 새로운 학교를 준비하며 뜻이 맞는 이들이 모여 공동체를 이루고 계절학교, 방과후 공부로 실천을 이어가다 마침내 2004년 새로운 학교를 열었다. 시간은 흘렀고, 물꼬는 변화를 거듭했다. 아이들의 학교였던 물꼬는 아이들의 학교이자 어른의 학교로, 학적을 둔 상설학교를 하지 않는 대신 학적은 다른 곳에 두고 물꼬에 머무는 상설과정이 생겼고 위탁을 비롯해 주말학교·계절학교 들이 돌아간다. 과거에 제도학교에 반대하며 시작한 학교였다면 지금은 제도학교에서 다루지 못하거나 손이 채 미치지 못하는 부분을 보완하고 지원하는 형태로 바뀌었다. 그 변화는 내적인 성찰로서만 닿은 건 아니다. 대안교육에서 담당했던 가치가 혁신학교 같은 제도학교에서도 보다 일반화되었고, 환경운동 같은 대안적 운동들이 단체 중심에서 보다 자기일상 중심으로 전환된 예처럼 대안학교 역시 그 본연의 색채가 달라져 또 다른 대안의 요구도 직면하게 되었다. 그리고 전문가들의 예견보다 더 빠르게 학령기 아동이 줄었다든지 하는, 불가피한 외인도 작용했다. 사람이 하는 일이니 구성원들과 갈등도 겪고, 때로 준비도 되기 전에 변화가 요구되기도 했다. 대안학교의 존재 가치를 끊임없이 물어야 했고, 그러면서 또 날이 갔다.

다음 걸음이 어디로 갈지는 다음 상황에서 규정하게 될 테지만, 분명하고 당연한 것은 또 어떤 변화를 할 거라는 거다.

그래서 지금은 어느 때보다 교육의 정체성을 깊이 고민하는 때!

덧붙이는 글

'진짜'를 만나러
숲으로 가다

본교에는 바로 뒤란으로 이어지는 숲(그리 불릴 만큼 규
모가 큰 것도 아니지만)이 있었다. 아이들이 등교개학을
하면서 그곳에서 한 주에 두 차례 숲 교실을 열었다.

나는 숲에 살고 있고, 숲길등산체험 지도사이기도 하
다. 하지만 숲을 잘 알기도 하고 또 모르기도 했다. 숲은
시시각각 변하니까. 조금씩 변하기도 하고, 또 어느 날 뜻
밖의 것이 눈에 들기도 했다. 그래서 숲 교실이 있는 날이
면 아침 일찍 먼저 숲으로 들어가서 무엇이 피고 지는지,
숲에 사는 것들을 눈여겨보고 나왔다. 하지만 아이들과

같이 가면 내 눈에 들어오지 않은 것들이 아이들 눈높이에서 곧잘 발견되었다. 나무이름이나 풀이름을 익히지 않아도, 곤충의 이름을 몰라도, 숲이 주는 선물을 받는 데는 문제가 없었다. 그저 걷기만 해도 좋았다. 우리는 그저 숲을 만나러 간 거니까.

숲을 전하는 짧은 그림동화를 같이 읽고 처음 숲에 갔던 날을 기억한다. 설렘 없는 첫 수업이 어디 있을까. 1학년과 4학년, 6학년인 우리 학급 아이들 넷이 동행했고, 본교 특수교사와 자폐아를 돕는 도움교사까지 어른 셋이 있었다. 우리는 월요일과 금요일 2교시가 되면 길게 한 줄로 늘어서서 칙칙폭폭 기차 노래를 부르며 숲으로 갔다.

6월에는 애기똥풀과 아카시아 잎과 담쟁이덩굴을 지나 때죽 꽃의 마지막을 보았다. 찔레꽃 순을 꺾어 먹었고, 애기똥풀을 꺾어 그것이 왜 그 이름을 얻었는지 노란 진물을 보았고, 때죽나무 열매의 독성으로 계곡에서 물고기를 잡는 이야기도 들었다.

어느 날은 담쟁이에 관한 시를 읽었다. 숲으로 가기 전, 담에 붙은 담쟁이 사진을 보여 주었다. '덩굴'과 '넝쿨'은 같이 쓸 수 있지만, '덩쿨'은 맞춤법에 맞지 않다는 것도 확인했다. 아이들은 숲에서 담쟁이 앞에 섰지만 벽을 타오른 담쟁이가 아니라서 알아차리지 못하다가, 내가 손가락으로 가리키자 그제야 알아보았다. 잎을 떼어 내고 남은 줄기로 눈을 아래위로 벌리게 하는 놀이를 하면서 서로의 얼굴을 바라보고 배가 결리도록 웃었다.

엉경퀴가 피면 엉경퀴는 어찌하여 꽃이 그리 자줏빛인지, 잎은 왜 그리 가시투성인지를 들려주었다. 전쟁 통에 자식과 이웃을 지키려고 나가 싸우다 남편이 죽자, 아낙도 나서서 방패가 되었다지. 그 아낙마저 쓰러진 자리에 온몸에 창 같은 가시를 달고 엉경퀴가 피었다. 옛이야기는 노래로도 남겨졌다.

'엉경퀴야, 엉경퀴야, 철원평야에 엉경퀴야, 난리 통에 서방 잃고 홀로 가는 엉경퀴야…'

산골무꽃이 피면 산골무꽃은 어째서 골무를 그리 여럿 달게 되었는지 들려주었다. 산 아랫마을에 어미 아비가 세상을 떠나고 할머니랑 사는 어린 손녀가 있었다. 할머니가 바느질을 할 때면 손녀는 바늘귀에 실을 꿰어 주었다. 세월 지나 손녀는 자라서 대처로 떠나고 삶이 바빠진 손녀가 할머니를 오랫동안 보지 못한 사이에 할머니는 홀로 죽음을 맞았다. 할머니 무덤가 양지에는 할미꽃이, 음지에는 산골무꽃이 피었다지.

작년 여름(2020년)은 날씨에 있어 반전의 연속이라고들 했다. 6월 초부터 이른 폭염이 나타나 한 달간 계속되었다. 전국의 평균기온이 22.8도로 평년기온 21.2도보다 높았고, 중부지방에 내린 54일간의 비는 1973년 이후 가장 긴 장마로 기록됐다.

장맛비가 이어지던 7월, 월요일 아침부터 억수비가 내렸다. 그날 2교시에 숲 교실이 있었다. 비가 오면 오는 대로 숲의 일들이 있을 것이다. 하지만 이런 날이면 대개 숲 교실 같은 일정은 다른 것으로 대체되기 쉬웠다. 무엇보다 위험하다는 게 가장 큰 이유였다. 하지 않는 것, 그것이 제일 쉬운 선택이니까.

아이들과 나서기 전, 내가 먼저 숲길을 살피러 다녀왔다. 감또개가 널려 있었다. 어린 감이 감꼭지를 달고 그대로 떨어진 감나무 아래를 꿈길처럼 지났다. 의외로 우듬지들이 숲 안쪽을 감싸 주고 있었다. 바람이 심했다면 넘어지거나 부러진 가지들도 있었겠지만, 오솔길은 말짱했다. 우리가 오늘 걸을 길은 평소 날씨 같으면 어른 걸음으로 10분도 채 걸리지 않는 길이다. 갈 만하다고 판단했다.

"얘들아, 이 시간의 숲은 우리에게 다시 오지 않아!"

우산을 쓰고 숲에 들어갔다. 다른 날처럼 안내가 많지는 않았다. 우산에 떨어지는 빗소리에 먹힐 테니까. 비 오는 날의 숲, 그 주제만으로 충분했으니까. 한 줄로 올랐다가 능선에 나란히 섰다. 가랑비여서 나뭇잎들 아래서는 우산을 잠시 젖혀도 되었다.

뒤로 우리가 걸어온 길이 있고, 왼편에는 오늘 가지 않을 길, 그리고 오른편에는 우리가 갈 길이 있었다. 길지 않은 길인데도 지나온 길이 까마득해 보였다. 뿌듯함이 일었다. 가지 않을 길에도 눈길을 주었다. 우리가 두고 가는 많은 날들처럼 혹은 영영 가 보지 못할 길처럼 끝이 보이지 않는 그 길이 아스라했다.

돌아오는 걸음은 좀 서둘렀다. 내리막길이니까 길가 쪽으로 밟으며 걸으라고 안내했다. 이런 날은 다른 때보다 안내자에게 더 귀 기울여야 한다. 그런데 말을 마치기가 무섭게 '아, 이런!' 샘 하나가 미끄러져 흙투성이가 되었고, 뒤이어 한 아이도 그만 넘어졌다. 미안함과 안타까움···.

도로에 내려섰다. 멀리 바람이 비에 결을 만들어 주어 한 지점에서 다른 지점으로 긴 세로줄로 뚝뚝 끊어진 영상이 이어지는 광경을 만들었다. 장관이었다. 멀리 산 밑으로 기차가 지나는 소리가 아득했다. 바닷가에서 밀려오는 파도를 피하다가 어느 순간 젖으면 그때부터는 아주 물에 젖어 놀 듯이, 우리는 비에 젖거나 말거나 아랑곳 않고 노래를 부르며 본관으로 들어갔다.

우리의 잔해가 화장실을 온통 헤집어 놓았다. 아이들을 씻겨 들여보내고 손 빠르게 뒷정리를 하고서야 아이들과 갈무리를 하였다.

"잎이 참기름 바른 것처럼 윤이 났어요!"

먼저 보조 샘이 가라앉지 않은 감흥으로 말하자, 아이들도 말을 이었다.

"힘들었지만 재밌었어요."

"넘어져서 짜증났지만, 다음엔 더 잘할 거예요."

"젖은 잎을 밟으면 미끄러진다는 걸 알았어요."

"비탈길은 발을 비스듬히 놓으며 내려와야 해요."

고생만 한 게 아니었다. 어떤 시간은 지금 불편해도 지나서는 다른 기억이 되기도 하더라.

숲에는 생강나무, 산목련, 상수리나무, 국수나무 들이 있었다. 그 아래로 둥글레와 꽃들이 피고 졌다. 오디와 멍석딸기를 따 먹었고, 으름이 익어가는 걸 보았다. 어떤 건 이름을 알았고, 더 많은 건 몰랐지만 날이 더할수록 우리는 커다란 한 세계에 더 가까워졌다. 사진이나 영상으로 보는 숲이 아니었다. 평면이 아니라 입체였다. '진짜'였다. 운동장 위 그 너른 하늘보다 우듬지 사이로 보이는 하늘에서 더 파란 하늘을 보았다. 숲에는 바닥에 붙은 이끼에서부터 버섯이며 키 큰 굴참나무까지 키가 다른 존재들이 살았고, 이름을 알 수 없는 아주 작은 벌레와 뱀도 있었다. 풍요로움은 다양함이었다. 사람도 그중 하나였다.

숲 교실은, 우리가 숲에 충분히 젖기에는 짧은 시간이었다. 하지만 숲에 들어가는 걸 두려워했던 아이들이 용감해졌고, 풀과 나무에 관심을 갖게 되었으며, 어렵지도

않은 길인데 마른 땅에서도 쉬 미끄러지고 넘어지던 아이
들이 균형을 잡아 갔다. 흙에 맨발이 닿는 걸 힘들어 하던
아이들이 곧장 양말도 벗어 던졌다. 무언가 변화가 우리
안에 일고 있었다.

물꼬에서는 학기의 시작과 끝에 산오름을 한다. 계자
(계절자유학교)에서도 정점이 산오름이라 해도 지나친 말
이 아니다. 우리는 산을 오른 자만이 볼 수 있는 것들을
담아서 돌아온다.
"진짜, 진짜 산을 진짜 오르고 왔어!"
여덟 살 범수가 집에 가서 그랬다고 한다.
산을 내려와 졸도하듯 자리에 눕는 어른들과 달리 아
이들은 여전히 뛰어다닌다. 저녁 밥상을 물리고 둘러앉으
면, 산오름이 어땠나 아이들에게 먼저 물어본다. 누가 들
으면 에베레스트쯤을 오른 영웅담 혹은 무용담이 펼쳐진
다. 어떤 기개가 느껴진다.
"그런데 우리는 왜, 무엇하러 산으로 갔을까요?"
"우리가 말 안 들어서 고생시키려고요!"

"밥 맛있게 먹으려고요!"

"끝이 있으니까 가는 것!"

툭툭 농을 뱉다가 이내 진지해졌다. 서로 협동하라고, 좋은 기운 받으라고, 산이 있으니까, 명상하려고, 건강하라고, 어려운 일을 이길 힘을 기르라고, 자신을 돌아보라고, 모험심을 기르라고….

아이들은 산이 주는 품과 우리들의 어깨동무가 갖는 힘에 대해 말하고 있었다. 무엇보다 우리들에게 있는 삶의 찌꺼기를 훌훌 털고 왔다. 아이들이라고 삶의 피로가 왜 없으려나.

우리가 걸어가는 생(生) 동안 행여 만나는 어려움이 있거들랑 오늘처럼 그리 훌쩍 넘어가리라, 그 모임의 마지막은 그런 결의쯤이었다.

때로는 결론을 알아도 정말 그러한지 번번이 놀래는 일 중에 산오름이 한 예다. 산은 어떤 프로그램을 앞세우지 않아도 그 속에 들어가는 것만으로 훌륭한 교육의 장이 된다. 그래서 나는 산에 간다, 그래서 아이들과 산으로 갈 것이다. 산을 내려온 아이들의 당당하고 빛나는 얼굴을 보았기에! 나는 앞으로도 이 문장을 이어갈 것이다.

'사랑한다, 내 어린 벗들도 저 푸른 산도!'

2020년 11월, 세계경제포럼 사이트에 UN 산하 IP-BES(생물 다양성 및 생태계 서비스에 관한 정부 간 과학·정책 플랫폼)의 보고서가 하나 떴다. 스물두 명의 세계 저명 과학자에게 코로나19 팬데믹 사태가 발생한 책임이 어디에 있는가를 물었고, 그들은 그 책임이 인간의 활동에 있노라 했다. '기후변화를 유발하고, 생물 다양성을 파괴하는 등 생태계 질서를 교란한 것이 원인'이라는 것이다.

코로나를 건너며 학교 관계자들의 가장 큰 걱정은 아이들의 학습결손에 있었다. 처음에는 당황했지만, 학교현장은 차츰 자리를 잡아가고 있다. 떨어진 기초학력이 심각하다고 했지만 채워 나가면 될 것이다. 하지만 정작 잃어버릴까 더 두려운 것은 '관계'였다. 그건 사람 사이의 일만이 아니었다. 팬데믹도 사람이 자연과 관계를 잃으면서 왔다지 않는가. 숲도 교육과정 어딘가로 어떤 형태로든 들어와야 하지 않겠는지.

오늘은 희망에, 희망을 더해
온통 희망이기로!

2월에 한 라디오의 문화 프로그램에
초대를 받았습니다.
지난해 낸 《모든 사람의 인생에는
저마다의 안나푸르나가 있다》를 텍스트로 삼아
진행자와 둘이서 하는 대담이었지요.
'어디에서나 물꼬에서 저희에게 보여 주신 태도와
마음으로 말하시는 옥 샘이 감동이에요.'
물꼬의 품앗이 샘(자원봉사자) 하나가
방송을 듣고 문자를 보내 왔습니다.
방송에서 어떤 말들을 했더라….
기본 질문지가 있었는데,

어느 순간부터 진행자는 그것을 벗어나

제게 정말 '질문'을 했습니다.

우리가 서로 주고받기로 한 대화의 길에서 비껴나

그가 물었지요.

"음…, 선생님은 왜 사세요?"

그의 진정한 혹은 순정한 물음이었습니다.

대답은, 전들 어이 알겠는지. 저도 모를 일입니다.

그저 태어났으니 삽니다.

"그런 건 모르겠고 결국 어떻게 사는가를

우리 고민해야지 않나…"고 답했지요.

이어 소중한 게 뭐냐 물어왔고,

지금은 앞에 있는 당신이 소중하다고 답했습니다.

진행자 역시 늘 지금 이 순간 내 눈앞에 있는 이를

그리 여겨야 한다 생각하지만

즉각적으로 그리 생각하지는 못하신다 하던가요.

마지막으로 코로나19가 지나가면

또 어딜 가시겠냐고 물었습니다.

사는 게 여행이더라,

산골에서 들에 나가 풀을 매겠다고 답했습니다.

방송을 다시 들으며

제가 잘 웃는 사람이란 걸 알았습니다.

그러고 보니 여러 사람이 그런 말을 했군요.

잘 웃으면 되었다, 지금 웃으면 되었다,

그리 살면 되었다 싶었네요.

교육도 결국 삶에 대한 이야기가 아닐는지요.

잘 가르치는 것 잘 배우는 것도

결국 삶에 대해 말하는 일이겠습니다.

모두 자기 서사로 살아가는 거지요.

교육을 하는 동안

정작 우리는 '아이들 삶에 대한 관심'을

놓치지는 않았는지.

학교는 다시 그것으로부터 시작해야 하는 것

아닌가 싶습니다.

교육이 잘 짜이는 동안 그 짜임에 힘이 들어가서

처음 그것을 시작하게 된 것을 잊지는 않았는지.

우리는 행복하자고 삽니다.

교육은 그 삶을 돕는 것이지요.

당당한 제몫의 사람 노릇 하라고 말입니다.

한 인간이 자신을 펼치면서 살아갈 수 있도록

돕자고 시작한 게 교육 아닐까요.

웃자고 한 교육이었습니다.

교육처럼 노동도 처음부터 이리

씰그러진 건 아니었을 겁니다.

"(직업으로) 힘든 일은 안 하고 싶어요."

아이들이 그렇게 말했던 것은

단지 힘들기 때문이 아니었습니다.

노동에서 배우고 익히고 나누는 일이 없으니까,

노동이 소외돼 버렸으니까요.

오늘날 노동을 자신의 향상과

자아발전의 계기로 삼는 사람은 드뭅니다.

노동은 밥벌이고,

주거의 용도보다 과시의 용도로 집을 사기 위해서,

추위를 막고 예의를 지키는 것을 넘어

사치를 위한 옷을 사려고,

시각을 보는 시계가 아니라

자기의 위치를 말하는 시계를 사려고 돈을 법니다.

그래서 우리는 행복해졌을까요?

노동은 이제 계급에 따라 분리되었습니다.

기획과 구상을 맡은 노동 상위층은

덜 힘들어 보이지만,

그들이라고 행복한 것도 아닙니다.

어떤 계급에도 이제 노동은

가능하면 피하고 싶은 것이 되어버렸습니다.

밭을 맵니다. 힘이 듭니다.

그러나 비로소 사람같이 산다고 느껴집니다.

노동이 나를 가르치기 때문입니다.

그것은 밥벌이를 넘는 것입니다.

이 밭을 매고 기르고 가꾼 걸로

단순하지만 단단한 밥을

사람들에게 먹일 생각에 들뜹니다.

노동의 기쁨입니다.

노동을 피해야만 할 일이라고

잘못 가르쳐 온 교육에서,

좋은 자리에 앉기 위해서만 하는 교육에서,

우리는 교육을 되찾아야 할 것입니다.

학교의 자리를 찾아야 할 것입니다.

그런데 그건 대단한 무엇이 아니라,

그저 작고 평범한 것이었습니다.

강제된 거리두기가 우리에게 단절은 아닌

외로움을 남겼습니다.

때로 절대고독에서 인간은

어떤 지점을 넘고 해방된다 싶습니다.

이 시대 인간에게 간절하게 그런 시간이

필요했을지도 모르겠습니다.

필연은 우연의 옷을 입고 나타난다 하던가요?

외로운, 그러나 결코 단절되지 않은 우리,

그대에게 속삭입니다.

희망과 절망이 줄타기를 하는 생(生)이지만

대체로 희망 쪽이기를.

상황이야 내 몫이 아니지만

반응은 내(우리들의) 몫!

오늘은 희망에, 희망을 더해 온통 희망이기로!

교육이 또한 그 희망인 줄 압니다.

머지않은 날 뜨겁게 만나 밥 한 번 먹읍시다.

사진 출처

이 책에 쓴 사진 중 별도로 표기하지 않은 이미지는 해당 사진을 보유하고 있는 '자유학교 물꼬'와
저작권자의 허락을 받아 게재한 것입니다.

- 16쪽 veteranu / Shutterstock.com
- 89쪽 Getty Images Bank
- 117쪽 Meeh / Shutterstock.com
- 164쪽 Ki young / Shutterstock.com

공교육의 역할을 되돌아보며
다시 학교를 읽다

글쓴이 | 옥영경
펴낸이 | 곽미순   책임편집 | 김주연   디자인 | 이순영

펴낸곳 | ㈜도서출판 한울림   기획 | 이미혜   편집 | 윤도경 윤소라 이은파 박미화 김주연
디자인 | 김민서 이순영   마케팅 | 공태훈 윤재영   경영지원 | 김영석
등록 | 1980년 2월 14일(제1980-000007호)
주소 | 서울시 영등포구 당산로54길 11 래미안당산1차아파트 상가 3층

대표전화 | 02-2635-1400   팩스 | 02-2635-1415
홈페이지 | www.inbumo.com   블로그 | blog.naver.com/hanulimkids
페이스북 책놀이터 www.facebook.com/hanulim
인스타그램 | www.instagram.com/hanulimkids

첫판 1쇄 펴낸날 | 2021년 8월 12일
ISBN 978-89-5827-137-6   13370